小学館文庫プレジデントセレクト

日本の隠れた優秀校

エリート校にもない最先端教育を考える

藤原智美

小学館

まえがき
エリート校にもない成果が上がる「学び方」

文庫本をつくるにあたって、十年あまり前に書いた原稿をあらためて精読しました。するとと書いた私自身も驚くことがありました。取りあげた教育の中身、その斬新さ、そして学びの成果、どれも少しも色あせることなく、現在最先端の教育と比べても、まったく遜色ないということです。いや、中には今でも、ほかより優れたものもありました。

当時、取材にあたっては、全国にある無数の学校から、その内容を吟味しいくつかをリストアップしました。名の通ったエリート校ではなく、ユニークで新しい教育に挑戦している学校がリストに残りました。

それらはすべて、あのころの教育現場におけるエッジ＝先端に位置していました。そしてこれらの学校は、やはり今もトップを走っているのです。だからこそ、あらためて文庫本として、皆さんにこの本を届けるべきだと確信したのです。

考えてみれば、取材当時は新世紀のスタート地点、00年代でした。それは同時に、戦後長く続いた教育の仕組みに根本から疑問が投げかけられた時期でもあります。そのときすでに、新世紀にふさわしい教育の息吹が芽生えていたのです。

ある学校では、小学校一年生のクラスが六年生のクラスに、辞書の早引き大会で軽々と勝ってしまうという驚くべき成果もありました。それは教育がIT化し、タブレットと電子黒板になっても、けっして覆ることのない価値を生みだし、知識は「身につく」ことで初めて意味を持つということを今も教えてくれます。

低年齢の子供たちの教育は、徹底的に覚えこませるということがどうしても不可欠です。そのときに子供たちが、積極的に、嬉々として「学ぶ」とすれば、こんなにいいことはありません。現代の子供たちに最も欠けているのは、喜んで学ぶという力です。強制ではない積極性が集中力をうみます。

そんな意欲的な雰囲気をクラス全体でつくっている学校もありました。たとえば、授業の前のたった五分間の「百ます計算」で、その集中力を難なく達成している教室などです。

当時、日本の子供たちの学力が海外の子供たちと比べて劣っている点は、応用力や各教科を自分の中で統合的にとらえる総合力にあるとされました。

それは現在もさして変わっていません。では今それに対応した教育がなされているか、というと心許ない限りです。教育現場は「学力の向上」を、授業時間数を増やすことで乗り切ろうとしていますが、それでは応用力、総合力はつきません。

しかし十年前、応用力、総合力を培う学校をみつけました。そこには地域と密着して町に出かけて学習する子供たちがいました。彼らはそうしたユニークな教育を通じて、通常のテストの成績も向上させました。

日本の教育はグローバリズム、国際化に対応して英語学習の開始年齢を早め、授業のコマ数を大幅に増やそうとしています。しかし、私が取材した学校は単に英語が話せる子供たちがいる場ではありませんでした。たとえばある高校では、カフカの小説『変身』の英語版を読んで、これを映画化するにはどんな演出がいいのか、という議論をやっていました。もちろん英語で。

「イン・ユア・オウン・ワーズ」（自分の言葉で）を標語にする国際スクールもありました。この二つの学校に共通するのは、自分の意見を持つこと、それを表現し相手を説得する能力を持つこと。これを国際教育の最終目標としているのです。

しかし現在の学校は、かつての「個性」「自発性」という言葉が影に引っこみ、「和」

や「まとまり」という集団主義的な言葉が表を飾っているように感じます。「個」が埋没する教育になっているようにみえるのです。

この本に書かれた十年あまり前の授業風景をふり返ると、今の教育が後退、低迷しているのではないかとさえ思います。

ここで紹介している学校はすばらしいところばかりです。しかし、そのすべてを絶賛しているわけではありません。一歩引いた視線で、冷静に状況を把握することも心がけました。

現在、学校教育は全国一律の画一化が少しずつゆるんできています。私立校が充実し、それに刺激されるように公立校の中にも変化が出てきました。塾、インターナショナルスクールなどに、わが子の教育を託する父母もいます。つまりかつてなく教育メニューが広がり、それぞれを選択する時代になりつつあるともいえます。

いったいどんな教育がいいのか。親がまず考える必要があります。

あとは、読者の皆さんの判断です。理想の教育、どう考えますか？

目次

第二部　学校を選ぶ　公立校の底力

第三部　言葉を選ぶ　母語を捨てる

※文中に登場する人名・地名・学校名・組織名・年齢・肩書・金額・数字などは、いずれも取材時（二〇〇三年一〇月～二〇〇五年八月）のものである。

プロローグ
ＩＴは子供をほんとうに「伸ばす」のか——京都府・京都市「立命館小学校」

三歳から始まる進学問題

親がわが子の進学に頭を痛めるのは、なにもいまに始まったことではない。けれど、最近の状況は一〇年まえとはまるで別物である。親がよりいい学校を求めて右往左往し、走りまわっている。そして混乱し、途方に暮れる。

つい最近も、首都圏に住む三歳児の母親から、英語のイマージョン教育（すべて英語でのレッスン）をする幼稚園に入れるべきかどうか、という相談を受けた。

「語学力だけでなく、日本という狭い世界を出て、国際的に自己主張ができる大人になってほしいからです」

これがその理由だった。

ぼくはこのシリーズでさまざまな教育現場を訪ねてきた。いくつかのイマージョン教育もみてきた。そこで得た経験から自分なりに考えていたことを、その人には伝えた。

それにしても、とあらためて思う。現在では「進学問題」がすでに三歳から始まるのだ。これは特異な例ではない。都市圏の教育「熱心」な保護者にとっては、もはやあたりまえのこととなっている。

戦後の長いあいだ、多くの親はわが子を地域のきまった公立中学に通わせることに、疑問を持っていなかった。けれど最近はちがう。私立が増え、公立も選択性が出てきた。かつては進学がテーマになるのは一五歳からだったが、いまは一二歳からだ。また私立の小学校も増えている。こうなると六歳からである。さらに、働く親が子供を預けるだけだった保育園にも、英語やフラッシュカードという早期教育をほどこすところもあらわれた。幼稚園で英語を教えることなどは、ふつうになっている。よって、赤ちゃん誕生のお祝いムードが消え始めたころから、もうわが子の「進学」が大きなテーマになる。いったいどこへ通わせるのか？

どんな学校がいいのだろうか？　つきつめると、そこで行われている教育の内容ということになる。最近では、熱心な親ほど学校のブランドよりも、その中身を問題にする傾向にある。どんな名門校に入っても、その後が保証されているわけではない。教師にもあたりはずれがある、と親は百も承知だ。

ぼくはある保護者からこんな言葉をきいた。

「で、その学校はどんなメソッドを持っているんですか？」

メソッドという言葉が、彼らの口から自然に出たことに驚いた。きっといま保護者のあいだでは、一般化した言葉なのだろう。

メソッドとは、そもそもバレエや演劇分野で使用されていた「教授方法」のことだ。特別に考案されたレッスン技法である。

これまでの授業は、教師の能力や個性にたよってきた。けれど最近では、そのばらつきが指摘され、教師そのものへの信頼も薄れつつある。学校をみる目が厳しくなったといってもいい。

だから、教師の個別の技量にたよらないメソッドが必要というわけだ。また、この方法化された教授法が注目されるのには、もう一つ別の理由がある。

教師の個人力はもう古い？

これは教育学者の苅谷剛彦東大大学院教授が『日本の論点２００６』のなかで指摘

していることだが、大都市圏では教員採用倍率が二倍まで下がっている。さらに団塊世代の教員が大量にリタイアするときが目前まで迫っている。現在の四〇人学級を維持するには、一〇年間で毎年二万人の教員採用が必要となる。たいへんな売り手市場となるというのだ。

学校さえ選ばなければ、たいていの受験生が合格できるといわれている大学。さらに簡単に教員になれるとすれば、これからいったいどんな人たちが教壇に立つことになるのか？

この話を編集者にすると、

「教師になるのも、コンビニの店員なみに簡単になる、ということですね」といった。コンビニの店員になるのがどの程度簡単なのかは知らないが、教員へのハードルが低くなるのはまちがいない。

ぼくはある有名中学でこんなシーンを目にした。

黒板に先生が「狐独」という文字を書いた。えっ、と目を疑った。いうまでもなく正しくは「孤独」である。教室へ教育学部の学生が一五人ほど入ってきた。彼らは熱心にメモをとり始めた。当然その文字も目に入っているはずだ。それは見学者にみせるためのモデル授業だった。将来の先生か教育学に進む学生たちが研究するような、授業だったのである。

ぼくは落ち着かなくなった。どう考えてもあれは……、それともぼくがこれまでずっと勘ちがいしていたのか、とさえ思った。

ほどなくして、学生たちがつぎの授業見学のために出ていった。するとまえの席に座っていた男子生徒が、やおら手をあげていった。

「先生、それ字がちがっているよ」

小声だった。その中学生は気を利かせて、学生たちが出ていくまで黙っていたのだ。

ぼくは自分が生徒だったころ、こういう経験をしたことはない。教師が黒板に誤字を書いたのをみたことがない。少なくともぼくがわかるような誤字はなかった。

これからさき、若い教師たちがどんどん教壇に立つ。するとこんなおかしな事態が教室で頻発するのだろうか？

教師の能力に不安感が出てくると、方法化された教授方法がさらにクローズアップされるのは当然の成り行きだ。

アメリカの社会学者、ジョージ・リッツアはマクドナルド化という言葉を定義した。ハンバーガーづくりから接客までをすべてハウツー化することで、現場で働く人々の能力の濃淡を消し去り、均一で一定以上の質を持ったモノとサービスを売る仕組みのことだ。

ハウツーはそれが明確でシンプルであればあるほど、効果を発揮しやすい。たとえば一桁の足し算を黙々とやるだけ、という百ます計算がもてはやされるのも、それが理由だ。それを授業に採り入れるのに、さしたる知識はいらない。

メソッドにはそうした特徴がある。教材と方法が確定していれば、たいていの教師はすぐにでも授業に活用できるのだ。しかも、これまでとは見ちがえるような、新鮮な教室風景をつくりだすこともできる。

最先端の教育メニュー満載の小学校が誕生

この本のプロローグとして、紹介するのにふさわしい学校がある。そこでは最先端といわれるさまざまなメソッドを採用して、これまでにない学校を目指すのだという。京都の立命館小学校である。開校は二〇〇六年の春だ。現場で中心となっているのが、この本の第一章でも紹介している深谷圭助先生だ。小学校一年生からぶ厚い国語辞典を引かせながら教えるという「辞書引き授業」の実践者として名を知られた人である。

開校のニュースが地元に伝わると、親たちに大きな反響を呼んだ。事前に行われた学校説明会には、予想をはるかに超える二〇〇〇名もの保護者が集まった。さらに学校紹介のためのモデル授業を実施するプレスクールには、参加者があふれ、やむなく再度実施することになったという。

二回目のプレスクールが行われたのは、二〇〇五年の夏のことだった。会場となっている大学の教室に入って、まずぼくが目にしたのは電子黒板だった。パソコンで文字や画像を入力したり、またパネルにタッチして文字を消したりすることもできる。この外国製の最新鋭機を全クラスに導入するという。

これからの学校には黒板とチョークがなくなるときいていたが、こういうことだったのか。

プレスクールに集まった子供たちは、まだ幼稚園児のようだ。

電子黒板には京都御所、五重塔などの名所がつぎつぎに画像で映しだされる。これまでなら写真を用意して黒板に貼りつけるところを、電子黒板ならば瞬時に表示できる。拡大や消去もあっという間である。もちろん京都の地図つきだ。

このクラスの課題は「丸竹夷」という童歌。京都の東西の通りの名を連ねた歌で、タンバリンのリズムに合わせて、電子黒板に表示されている歌詞をみながら、声を合わせて歌う。

まる　たけ　えびす　に　おし　おいけ……。そのうちに、一ヵ所、二ヵ所と文字を消していく。つまり暗記させるのだ。

子供たちの記憶力はすばらしい。なんと三〇分ほどのあいだに、全員がすべてを暗記してしまった。九九文字である。

電子黒板、タンバリンなどで児童の興味を巧みに引きつつ、学習に結びつけていく。こうした演出と工夫がこれからの授業には必要なのかもしれない。

ただし、一時間のあいだ子供たちのまえで「熱演」した先生は、おわったあとぐったりと疲れた様子だった。

この学校ではタブレットPCというコンピュータも導入する予定だ。携帯サイズのパソコンで、たとえばタッチペンで漢字を書きこむと、筆順のまちがいを指摘したり、社会科では各県の県庁所在地の勉強、算数では分数計算など、さまざまな学習に利用できる。各学年で1クラス分を用意して、回覧しながら使うという。

いまでは公立校でも一般化している英語の授業だが、ここではネイティブの教師による授業が、実質合計で週に三時間ほど行われる予定だ。

プレスクールでも外国人教師が電子黒板を使って、ゲーム感覚での英語授業をデモンストレーションしていた。

このほかにも一年生からの辞書引き授業、音読暗唱、百ます計算、フラッシュ暗算といったいま注目を集めるメソッドを幅広く採用するという。

これら新しいメソッドを一時間目にモジュールタイムとして組みこみ、短時間ずつだが、毎日やることで学力向上を目指す。

メニューが盛りだくさんになるのだから、当然のように全体の授業時間は多くなる。公立小学校のほぼ一・三倍。土曜日三時間の授業も隔週で組む。

「昭和三十年代半ばの学習指導要領よりも若干多いくらいです」（後藤文男校長）

ゆとり教育の反動からか、私立校は公立よりも授業時間が多くなっているが、この立命館小学校はその典型的例となるだろう。

『分数ができない大学生』の編者として有名な西村和雄京大経済研究所教授などは、小学校算数の演習問題は、一九五〇年代とくらべると、四分の一ほどに減らされている、と指摘している。

過去にくらべると、現在の私立校の授業時間数の多さも、たいしたことではないのかもしれない。ただし、現在では文科省の定めた「標準授業時数」でおえている学校はほとんどない。公立校でも、たいていはそれを超えて授業をやっている。文科省の指導と現場のギャップはひらく一方だ。

しかも、昔の子供たちよりもずっと塾通いは増えている。そう考えれば、子供たちの勉強時間はそれほど減っていないのかもしれない。

ではなぜ、学力低下がいわれるのか？

学力の二極化が進み、まったくできない子が増えているからだという指摘もある。

ゴージャスな設備群

立命館小では図書館の充実度も小学校としてはトップクラスである。蔵書の数は約三万冊。そこに三クラスが同時に授業を行えるスペースも用意されている。

立命館小と時をおなじくして開校するのが、ライバル関係にある同志社小学校だ。それをマスコミでは、ブランド校の競争としてとりあげている。同志社小の給食提供先が京都宝カ池プリンスホテルなら、立命館小は大津プリンスホテルに委託。「食育」重視をうたっている。またセキュリティでは、立命館小がICカードを使った登下校管理システムを導入。校門や交通機関の改札の出入りがライブで保護者に伝わる仕組みをつくる。ちなみに同志社小では、希望者にGPS発信装置を配布し、オリジナルリュックにはそれを収納するポケットもつけるという。

なかでも注目されるのは、立命館小では一クラスを三〇人程度に抑えるということ。

私立ではクラスの定員数が、そのまま授業料に直結する。

初年度の費用は総額で一五〇万円ほど。対象となる保護者が三十代の会社員とすると、簡単には捻出できない額である。

ぼくは首都圏に住むある保護者から、こんな胸算用を耳にした。最近では小三になると塾に通い始めるのがふつう。私立に入って、そのまま中学にあがれば塾の費用は浮く。三年間で三〇〇万円にもなる。私立に入って、二ヵ所に通って年間一〇〇万円。こう考えれば、私立小の学費もそう高くはない、という計算である。そうトントン拍子に進むかどうかはわからないが、なるほどそういう考え方もあるのか、と驚いた。

親の収入格差がそのまま子の教育格差につながる時代になった、という声がある。少なくとも、収入によって子供の選択肢が広がったり、狭まったりすることはまちがいない。

この本では公立、私立、一貫校、寮のある学校、私塾など、あらゆるタイプの学校を訪問し、その内容を検証している。また新しいメソッドがどういうものなのかも紹介している。

いま教育現場には、いったいなにがおこっているのか？　どんな新しい風が吹いているのか？

第一部　メソッドを選ぶ——勃興する学びの方法

第一章　辞書

六歳から引くべし——愛知県・刈谷市立「刈谷南中学校」

三〇〇〇枚の付箋をつける子供たち

最初、ぼくにはそれがなんだかわからなかった。書物の一種であるらしいことは想像がつく。けれど四角く平らな本ではない。頁の上部だけが雨水を吸いこんだように膨らんでいて、本全体が大きく変形している。まるで破裂しかけた電話帳のようだった。よくみると国語辞典だとわかった。一〇冊ばかりが机にならんでいる。膨らんでいるのは無数に貼りつけられた付箋のせいだ。一〇〇や二〇〇枚ではない。二〇〇〇、三〇〇〇という数の付箋の厚みが頁に加わり、形を変えてしまったのである。

この小学生用の国語辞典を学校に持ちよったのは、刈谷南中学の三年生たちである。彼らが七、八年まえに使いこんだものだった。小学校の新一年生から二年生まで、この国語辞典で勉強してきたのだ。角のすり減ったよれよれになった辞書。なかには背表紙が裂けてガムテープで補修をほどこされたものもある。みんなそれを大切に持っていた。捨てられないのだ。その一頁一頁にはそれぞれの知識と記憶がそのまま保存されている。

まず五十音を学ぶはずの時期に、その最初から辞典を使う。常識を外れた方法だ。というより、とても授業として成り立たないのではないか、と想像する。

小学校時代、ぼくはほかの子たちより辞書や百科事典を引くほうだった。ことに百科事典にはのめりこんだ。一度ひらくと、つぎつぎに知りたいことが出てきて、頁をめくっていた。そういう意味から、ぼくにとって辞書や辞典は「引く」ものではなく「読む」ものだった。必要があるから引くのではなく、ヒマがあれば頁をめくり拾い「読み」するものだった。そんなぼくにしても辞典、辞書のおもしろさを覚えたのは、高学年になってからだったと思う。一、二年生のころに、辞書を手にするなどということは考えられなかった。ほとんどの人がそうだと思う。

ゲーム感覚の国語で目の色が変わる

ではいったいどうやって、彼らはそんなはなれ業をやってのけたのか？　英才教育をほどこす特別の塾で学んだのではない。彼らが通った亀城小学校は、愛知県刈谷市にあるごく一般的な公立校だった。

　ぼくは生徒や先生、そして保護者にも話をきいた。そのなかで当時の授業がどんなものだったか、少しずつみえてきた。

　一年生から辞書を使おう。そう考えたのは深谷圭助先生だった。彼は新一年生を担任したとき、その大それた考えを実践することにした。そのためにはまずクラス全員に国語辞典を買ってもらわなければならない。通常のカリキュラムでは、国語辞典の使い方を学ぶのは早くて三年生、ふつうは四年生である。しかもそのさいは図書館から借りだしたもので引き方を教わるにすぎない。辞書を使いこなすというにはほど遠い、形式だけの教育である。だから当然個人用の辞書など買う必要はない。戸惑う親も多かった。

「学校へ持参した日、子供が買ったばかりの辞書のケースとカバーを持って帰ってきた。こんなもの邪魔なだけ、ときいてびっくりしました」という母親もいる。

　もう一つ用意したのが付箋だ。調べた言葉は語彙をノートに書き取り、付箋を貼る。学習したものを、たしかな形として残そうという目的だった。

「国語辞典で最初に引いた言葉を覚えている。それは『フセン』という言葉だった」

そう発言した生徒がいた。当時、亀城小には付箋という言葉を使う小一の子が存在したのだ。

驚いたのはその早熟ぶりだけではない。もうそれから八年以上たっているのに、その精細な記憶力には脱帽するしかなかった。自分の小一時代をふり返れば唖然とするしかない。ぼくは辞書はもちろん、教科書に掲載された一語でさえ思いおこすことができない。

こうして彼らは辞書の虜になった。がむしゃらに辞書を引く。引いて意味をノートする。そして付箋を貼る。やがてその数を競いあうようになった。子供たちのだれかが、付箋に番号をふることを考えた。あらかじめナンバリングしておいたポストイットをつぎつぎに貼っていく。その方法はすぐにクラス中に広まった。だれが一番貼ったのか、番号ですぐにわかる。なかにはその重い辞書をランドセルに入れて持ち帰る子も出てきた。家で引いて付箋を貼るためだ。

ランドセルの形が歪んだ、危険だ、あんな重いものを運ばせるなんて、という声が親からあがった。

当時をふり返って、ある生徒はこういった。

「放課後も居残って辞書を引いていた。休み時間も辞書で調べた新しい言葉や知識の言いあいに終始した」

多い子は一年で五〇〇〇枚以上の付箋がついた。ものに憑かれたようにしてクラス中が辞書を引く。ほかのクラスの教師からみても、その様子は異様にうつったという。この年齢の子供は知識欲が旺盛である。一種のゲーム的な競争意識がそれに火をつけたのだ。

一年生が六年生を圧倒

あるとき、辞書引きのコンクールが校内で開催された。自信のある児童が各学年から図書室に集まった。一年生から六年生までおなじペーパーが配られた。キーワードが三〇個ならんでいる。それを辞書でいっせいに調べ、かかった時間を競う。なんと結果は深谷先生のクラスの圧勝だった。上位の一〇人ほどはすべて一年生だった。一年生と六年生では蓄積された知識だけでなく、体つきからしてもちがう。重い辞書を机に運ぶだけでもスピードは六年生が上だ。けれどいったん頁をめくりだすと、一年生が他を圧倒した。なにしろ指使いが速い。目指す語までたどり着く時間がまるでちがう。使い慣れているぶんだけ、語がどのあたりにあるのか見当がつくのだ。

一冊の辞書を使いこなすようになってくると、新しいものを買い足す子が出てきた。

たとえば給食にキウイが出たとする。さっそくスプーンを放りだし辞書で調べる。そこには果物だけではなく、おなじ名の鳥も存在することが書かれている。動物好きの子供は、国語辞典では物足りなくなる。動物図鑑がほしくなる。そうしてつぎつぎに辞書が増えていくのだ。

深谷先生の辞書引き教育にはいくつかのルールが設けられている。ケースやカバーをはずすというのもその一つだが、さらに辞書をロッカーや机のなかにしまいこまないというのも約束になっている。いったんしまいこむと、取りだすのが億劫になり、辞書から遠ざかっていく。そこで辞書はつねに机の上におかれることになった。

また教師はけっして「あとで調べるように」とはいわない。児童たちは気になったときはすぐに辞書を引く。それを止めない。一度、止めてしまうと、つぎに引くという保証はない。とにかく「引き癖」をつけることが大事なのだ。

こういうことがあった。ある児童の母親がたまたま給食時間に教室を訪れた。そのとき目にした光景に唖然とした。机の上には五冊ばかりのぶ厚い辞書が山積みになっている。その谷間のようなところで子供が給食を食べていた。勉強熱心に驚くよりさきに、危険だ、と思ったという。あんなものが倒れたらケガをするのではないか、というのだ。

子供たちの辞書への熱中度を示すエピソードである。

書いて書いて書きまくれ！

毎日毎時間使っていると、こんなことも出てくる。

「辞書にもまちがいはある」

一人の生徒は辞書引きでいちばん学んだことをこの言葉で総括した。

ある授業で、できるだけ大きなタンポポを採取するという課題をだした。みんな懸命になって野原にいきタンポポを掘ってきた。それからいつものように国語辞典を引いた。その記述をみて子供が声をあげた。

「この辞書はまちがっている！」

その子の辞書によると、タンポポの背丈は一五センチから三〇センチと書かれていた。けれどみんなの持ちよったタンポポは五〇センチ以上、なかには一メートル近くにおよぶものもあった。辞書をのぞきこんでいた子供たちは驚きの声をあげ、教室は騒然となった。

八年後の二〇〇四年の秋、中三になった生徒たちはこの「タンポポ事件」をはっきりと記憶していた。

「辞書にも嘘が書いてある、というのは衝撃だった」と口々に回顧した。

たとえ辞書でも鵜呑みにしない。そうした態度を実践で身につけたことは大きい。辞書を絶対視するのではなく、一つの道具として客観的にみる視点が育っていった。

では辞書は引くだけでいいのか？　付箋の数だけ増やしていけばいいのか？　そういう疑問も当然出てくる。

「煙が出るほど書いて書いて書きまくれ」

これが深谷先生の方針だった。じつは「煙が出るほど書く」と最初にいったのは有田和正さんという人だ。彼は辞書引きを最初に唱えた教育者で、それを本格的に実践しつづけたのが深谷先生だった。

「一年生だからわけもわからず、ほんとうに鉛筆から煙が出るのかと思っていた。それくらい書きまくっていた」という生徒もいる。

素朴な「なぜ?」と「はてな帳」

書き取りのツールとして用意されたのが『おたよりノート』と『はてな帳』である。『おたよりノート』は家庭と学校を結ぶ連絡帳だが、ほとんどは児童が書いた文字で埋まっている。

ある子の『おたよりノート』の頁をめくってみる。一年間で数冊のノートに書きためたもので、それをガムテープで束ねてある。厚さが五センチばかりにもなっている。入学したての四月をみると、さすがにひらがなばかりだった。けれど日を追うごとに少しずつ漢字が増えてくる。一〇月くらいになると、クラスメートの名前はすべて漢字になる。

さらに「十月一日　今日から本読みを毎日頑張りましょう。本読みカードを毎日つけて持って来ましょう」というように、きちんとした文章を漢字でつづるようになる。「頑張り」などという言葉まで漢字で書いたところなどは、ともかく懸命になって辞書を引き漢字に執着した様子がうかがえる。たとえば二月のことを陰暦で「如月」と書く。なかには「フェブラリー」と書いた日もあった。

「一年生になってまもなくすると、みんなが『僕』、『今日』という漢字を使いだしたのには、私も驚いた」と深谷先生もいう。

『はてな帳』の場合はさらにボリュームがある。ある子などは一年間で厚さが一〇センチばかりにもなっている。これは授業や日常生活で出てきた疑問、知識などをなんでも書きこむためのものだ。日記もあれば押し花もある。俳句もつくっている。ふだんの授業のノートにプラスして、この二冊があるわけだから、たしかに「煙が出るほど書く」ということが、あながち誇張だったとも思えない。

またその内容は変化に富んでいる。

「アサガオを育てる」「二十種類のドングリを拾ってくる」「タンポポを根っこの長さを調べて、それを最後に料理する」「郵便ポストに記された番号の意味は？」「オタマジャクシにエラがあるかどうか」と、テーマを変えて、さまざまな取り組みが行われたことがわかる。

たとえばそのなかに「三色団子の色はなぜ三色か？」というテーマがあった。他愛ない疑問だが、小一の子供にとっては興味津々のテーマになった。親にきいてもわからない。疑問に答える資料もない。それぞれが和菓子屋に出かけて疑問をぶつけた。毎日子供たちがやってくるので、仕事にならないと学校に文句をいってくる店も出てくるしまつだった。

積極的に「取材」にいく。あるいは「体験」させるという授業は、あらゆる場面で実践された。その過程と結果を文章にする。むしろ「書く」ための材料をつくるために、そうしたユニークな「授業」があったともいえる。辞書引きで始まり、最終的に書くことに落ち着くのである。

「自分の子が県庁に電話して質問している姿を目の当たりにして」腰を抜かさんばか

りに驚いた親もいる。

その後、メルボルンの現地校に通うようになった子の母親は、「たくさん宿題が出ます。むこうの子はパソコンで調べておわりだけど、うちの子はまず図書館へいく。ああ、小学校時代の教育が身についているのだなあ、と感動しました」といった。

社会性を中学生に

このクラスの子供たちを二年間受けもった深谷先生は、その後、おなじ校区内にある刈谷南中に転身する。そこで成長した彼らにまた授業することになった。その後の彼らを、偶然にも教育現場でみていくことになったのだ。そこで彼自身も驚く光景を目にした。中学二年生のクラスで社会科の授業を行ったときのことだ。ある生徒の机の上に国語辞典がおかれていたのだ。どんな教科であっても国語辞典を机にだして調べる。その姿勢を彼は小一時代からずっとつづけていたのだった。

小一時代の教え子たちが中心になって、社会科新聞なるホームページも運営されている。それだけならどこの中学校にもありそうな事例だが、このＨＰはいささか内容が「過激」である。たとえば「著作権」をテーマにしたときのことだ。彼らは辞書や資料で調べるだけではおさまらず、なんと修学旅行を利用して文科省に押しかけたのだ。そこで担当課長と面談し著作権について取材。その様子を堂々と公開までしている。

アクセスしてそのページを目にしたとき、ぼくは小一、二時代にお菓子屋や県庁まで話をききにいったというあの授業のことを、連想せざるをえなかった。臆することなく大人に会いにいくという積極性は、いまの子供たちに欠けた面である。

「深谷学級でいちばんなにがよかったかというと、やっぱり人とかかわることが平気な子に育ったことです」と答えた母親がいた。

いまこのクラスの社会科の授業では、ほぼ全員が六法を机上において授業を受けている。ルビつきの国語辞典が六法全書に「進化」したのだ。

この教育の底流にあるのは自修を基本とした「自学思想」だと深谷先生はいう。明治の初期には中国人が漢文で書いた漢籍をそのまま小学生のテキストとして使っていた時代があった。そのうちにひらがな混じりの漢字にもルビをふったテキストに変わっていった。けれど内容がやさしく漢字の数も減らしたのに、逆に定着率は落ちるという事態に遭遇。当時の教育者はその原因を、子供たちが自ら学ぼうという自修の意識が欠如したからだと結論づけた。そこで漢字習得に辞書を活用し、生徒自ら引かせることにした。するとみる間に、子供たちは漢字を覚えるようになったという。

大人が勘ちがいしていること

「言葉の吸収力は小学一、二年がピークといってもいい。けれども学習内容はそれに見合わず薄すぎる。私は二年生までに常用漢字一九四五文字は覚えさせられると自信を持っている」

深谷先生の経験値から小一で一〇〇文字という現在の設定は、あまりに少なすぎるという。

いまの教育は、子供に無理なく段階的に教えていくという考え方に執着している。漢字ということに限定しても、小一より小六のほうが数段、質も高く量も多い。けれどはたしてそれでいいのか？　私たちはたんなる先入観で七歳より一二歳のほうがたくさん吸収できると思いこんでいるだけではないか。

さらに学習への意欲という視点も抜け落ちている。小学校へ入ったばかりの子供は、新しい世界へ入ったという新鮮さから、学習意欲は強い。しかも成績の良し悪しという評価をまだ受けていないから、どの子もがんばる。けれど小六ともなると、意欲にばらつきが出るし、勉強以外に興味が広がる。またいまの一二歳ともなると、冷めた目で将来をみてしまう子もいなくはない。

「はっきりいって学習への意欲は一、二年生のほうが六年生より高い。私が教師としていちばん燃えるのも、小学一、二年生です」

もしかすると、いまの教育は詰め込むべきその時期を逃しているのかもしれない。中学生になった彼らが、いきいきと当時のことを思いおこす場面に出会うと、詰め込みも、積極的な自修性があれば苦ではないということがわかる。けれどその自修性をつくるには、教室での工夫とエネルギーが欠かせない。

「仕掛けが必要なのだが、それは国立の付属小学校がやるような研究授業ではだめ。たとえば職人を連れてきてわらじづくりをみせてパフォーマンスする。これが生きた授業だという。けれどいますぐどの教室でもできることではない。研究授業のための授業にすぎない。やれることをどう工夫して実現するのかが問われる」

こう語るのは刈谷南中の小笠原豊校長だ。

事実、研究授業などは予行練習ずみが多い。またテレビで紹介されるユニークで模範になるような授業も、日常的にはとてもできない手間暇をかけて準備したものばかりだ。

その点、辞書引き授業は、個人用の辞書と付箋があればすぐにもできる。これは全国どこのクラスでも始められる方法である。これをやらないのは、じつにもったいない、という気がする。

ぼくはいまも仕事で百科事典をよく引く。そのとき、いつの間にかページをめくり、ほかの事項も「読んで」しまうことがある。気がつくと原稿を放りっぱなしで一時間もたっているということがある。辞書、辞典というのは「知識を学ぶ」ということの原点に位置している。そのおもしろさを六歳のときから知った彼らは幸福にちがいない。

第二章　そろばん

古くて新しい魔法――兵庫県・尼崎市立「杭瀬小学校」

日本初の「そろばん特区」

いま小学校の授業にはパソコンが必需品になりつつある。見学したほとんどの学校ではパソコンルームを設けていて、さまざまな授業に活用していた。けれどこれは過渡期の一時的な風景にすぎない。これからはそのパソコンルームも解体されて、一人ひとりがタッチパネル式のタブレットＰＣを持つようになる。さらにチョークと黒板は消滅し、児童は電子ボードをまえにして授業を受けるようになるだろう。

このように教育現場におけるＩＴ化が急速に進展しているなかで、それとは逆行するような古めかしい道具で、学力低下を食い止めようとする学校があらわれた。兵庫県尼崎市にある市立杭瀬小学校では、なんと、そろばんを使った授業を年間五〇時間も実施しているのだ。それは「九九」を覚えた二年生の三学期から六年生までつづく。合計二〇〇時間を超える本格的な授業である。

社会はとうの昔にそろばんを必要としなくなっている。にもかかわらず、ゲーム機器やケータイを使いこなす現代っ子たちに、なぜいまそろばんなのだろう。アメリカでは単純な計算は電卓にまかせていい、という方針の小学校も少なくないという。杭瀬小は教育界のドン・キホーテになろうとしているのか。

学校はJR尼崎駅から車で五分ほどのところにあった。さっそく明坂正春校長の案内で四年生の授業を見学することにした。教科の名は「計算科」という耳慣れないものだった。

教室に入ると、そこには一時代まえの凛とした教室の雰囲気が漂っていた。子供たちは背中をすっと伸ばし、静かに授業開始を待っている。机の上にはそろばんがおかれている。それも全員、机の左端に縦置きできちんとそろえていた。そして鉛筆と赤鉛筆が一本ずつ。これも全員、横置きにならべていた。教壇上の壁にはそろばんにむかうときの正しい姿勢が写真で示されていた。

「願いましては、四二五円なーり」

あの懐かしい響きが教室にこだまする。パチパチと珠を弾く音が心地よい。

「……五七八円では」

ハイ、ハイとつぎつぎに手があがる。読みあげ算、読みあげ暗算につづき、児童らは珠算帳をひらき問題に取り組み始めた。不思議なことに気づいた。珠算帳の装丁の色がちがうのだ。

のぞきみると、それぞれが別々の級の問題をやっている。調べてみると、下は八級から上は一級までだ。実力がまったく異なる児童らが机をならべている。上級の子供たちは、みんな町の珠算教室に通っているのだという。

計算力だけでなく集中力もつく

ぼくがもっとも驚いたのは、彼らの集中力だ。

いったん珠算帳に取り組み始めると、一心にそろばんを弾いている。ことに級があがるほどその目が真剣になる。一級の問題を解いている子などは、目と鼻のさきまで近づいたカメラがフラッシュを焚いても、微動だにしない。多くの小学校を見学したが、たいてい教室へ入っていくと、子供たちがそわそわし始める。けれどここではそれがまるでない。そろばんという道具は子供たちの気持ちを引きつける不思議な力を持っているようだ。

「もたもたしてると、おじぃちゃんになるでえ」

ユーモアあふれる関西弁で、講師の声がかかる。いつの間にかぼくも、シーンと静まりかえったその雰囲気に引き込まれていった。

「夏休みの教室に参加する人？　遅れている子ほど出なあかんで」

最後に講師は夏休みに学校で開かれるそろばん教室に誘いを入れた。七級、八級の子がおずおずと手をあげた。

「よっしゃ、その意気」

講師が満足げにうなずいた。

そろばんを教えているのはなにも杭瀬小だけ、というわけではない。全国の小学校では、三年生のときに二〜三時間だけ教えるようになっている。それは使いこなすようにするためではなく「こういうものがある」ということを知識として学ぶための授業だ。事実上、そろばん教育は形骸化しているといってもいい。

杭瀬小でも、ついこのあいだまではその程度だった。ではなぜこんな大胆な方向転換を行ったのか？

保護者アンケートで絶賛

ここが計算科と称してそろばんを始めたのは二〇〇四年の四月からだ。〇五年七月の取材時には一年と一学期分が経過したことになる。導入のきっかけは、尼崎市が「尼崎計算教育特区」として国から認定されたことにある。学校現場から声があがったわけではない。いわばトップダウンで急遽、そろばんをやることになったのだ。戸惑いはなかったのか？　明坂校長自身も最初は頭をかかえたという。

「まず保護者むけの説明会をどうクリアするかが課題でした。反対意見が続出するのではないかと戦々恐々でのぞんだのです」

かんじんの算数が疎かになる、進学に差し支える、というような意見が出ると予想していた。が、蓋を開けてみると、賛成意見が多かった。不思議と反対はなかった。もともとこの地区は商業地区だった。かつては工場労働者などむけにダンスホール、芝居小屋、商店が軒をならべていた。そろばんに馴染んだ土地柄だったのだ。下町の気さくでおおらかな雰囲気も残っている。それが幸いして計算科はすんなりと船出することになった。ほとんどの子が自分の家に眠っていた古いそろばんを持参して授業が始まった。

担当講師は珠算指導のベテラン、藤本和彦さんだ。

「正規の授業が一時限の四五分、それに一〇分の計算タイムという枠を週に三日とっています。それで毎週七五分そろばんをやることになります。週に一回そろばん塾に通っているのと変わりませんよ」

そうすると、珠算大会で優勝するような子も出てくるのではないか？

「この学校には四年生で一級という子もいますが、いま競技会に出るにはもっと高い実力が必要です」

そろばんのエリートになるような子は就学前後から練習を始める。小学生の中学年、高学年だと有段者となる。また、そろばんの世界では一時期、暗算のレベルがどんどんあがった。大会などで優勝する子も暗算が得意な子だといわれている。

「その最高峰は中国で、日本人はチャンピオンでも彼ら相手ではなかなか勝てない」

かつて中国のトップクラスには、二桁のかけ算九九を覚えている者もいたという。これでは太刀打ちできない。けれど明坂校長は最初からそんなエリートを養成するつもりはない。

「この学校のそろばんはそんなトップを目指すのではなく、計算力や集中力を身につけるためにやっています」

けれど疑問はぬぐえない。年間五〇時間もそろばんに割くより、もっと算数自体をたくさんやったほうがいいのではないか。三、四年生の場合だと、算数から一五時間、総合的な学習から三五時間削り計算科にあてている。

明坂校長はこう答えた。小学校の中学年にかけ算をやらせたとする。たとえば二桁の数に二桁の数をかけ合わせる。その問題に平気で二桁の数を答える。そんな子が少なくない。基礎的な計算力や、その仕組みを理解していないのだ。そろばんをやることでそんな子を減らせる。そろばんは算数の土台造りにもなるという。

いま全国の小学校に「百ます計算」が広がりつつある。一桁の足し算などを一〇〇問、タイムを競いながらやるものだ。計算力をつけるとともに、集中力を養えるとして絶賛されている。そろばんもそれとおなじようなものなのかもしれない。

では保護者はどうなのか？　実施されたアンケート調査ではこんな結果が出ている。「計算力が伸びた、計算が速くなった、計算に興味が出てきた、集中力がついた……」などと、わが子になんらかの効果があったと答えた保護者は合計すると約四三〇人、その一方で「あまり効果なし」という答えは約五〇人である。大多数がそろばんの教育的効果を認めているということになる。

けれど明坂校長は、そろばんにはそれ以上の波及効果があるのだという。他の授業も集中力が増したし、姿勢がよくなり、教室に入ってくるときに一礼し「入ります」というような挨拶もできるようになった。これは計算科の授業で身についたものだ。

「歴史のあるそろばん教育には、完成されたノウハウがある。それにそって実施すればいいという計算科は、ある意味でとても便利なのです」（明坂校長）

つまりそろばんの授業では教師の力量の差が出にくく、一定の成果があげられるというのだ。

あのなにもできなかった子が！

杭瀬小では全校をあげて「キッズそろばんカップ」というイベントを催した。模擬的に買い物をしてその合計金額を計算する、というようなゲーム性を持たせた競技会で、児童がおおいに盛りあがったという。またそろばんの産地から七人の職人がボランティアでやってきたこともある。子供たちに自分でそろばんをつくってもらおうというのだ。職人が持参した材料を子供たちが組み立てて返す。やがて名前入りのそろばんが産地からとどいた。これで全員が自前のそろばんを持つことができた。そろばんは算数だけではなく社会科の勉強にもなった。

藤本講師には忘れられない子がいる。それは三年生の男児だった。大柄で一見すると腕白にみえる。けれど学校ではひとことも言葉を発しなかった。授業も休みがちで教師もあつかいあぐねていた。ところがそろばんの授業は欠かさず出るようになった。それだけでも驚いたのだが、彼は他の児童とおなじように練習ノートをだして珠を弾くようになった。ある日、答え合わせで、その子を指名してみた。するとぽつりとだが、「八六四」と答えをいったのだ。あまりに感動したので、藤本講師はその数字をいまでも覚えているという。たちまちその話は職員室に伝わり、教師たちはそろばんの威力を再認識した。

私立のように選抜がない公立校では、さまざまな児童が通ってくる。学力差も大きい。けれど全国の小学校の大半はそんな公立校なのだ。クラス全体でどのように伸びていくかが大きな悩みである。もしかすると、そろばんにその答えがあるのかもしれない。

「かつてのように珠算三級が就職の資格として通用することはない。けれどこの学校の試みはそろばんの新しい道を示すものかもしれません」と藤本講師はいった。

第三章　生活体験

幼児期の必須授業——兵庫県・西宮市「レクタス教育研究所」、東京・青山「こどもの城」幼児体育教室

幼児が描いた「腕のない絵」

早期教育をテーマに取材を進めてきた。小学校にあがるまえの幼児期に、さまざまな専門的「教育」を受けさせることが、ブームになっているからだ。ブームというよりも定着しつつあるといってもいい。

が、二〇〇四年の春、取材をおえた直後、ある事件がおこった。長崎・佐世保の小六同級生殺害事件だ。報道によると、加害者の児童は血の海となった教室で、自分が殺めた子の息が絶えるまでみていたという。さらになんども斬りつけたり、死んだかどうか確認のためか体をつついた、という記事も目にした。実際はどうかわからない。けれど、かけつけた救急隊員でさえ、ＰＴＳＤ（心的外傷後ストレス障害）にかかっ

たというような凄惨な現場に、加害者の子が一五分間もいつづけたことは事実である。彼女はどういう気持ちでそこにいたのだろうか？　血を流す人間をあたかも物体のように「みて」いたのだろうか？

そのことをずっと考えていたとき、今回の取材で目にした一枚の絵が思い浮かんだ。それは、ある幼児が描いた自画像だった。きれいなドレスを着て、髪もアップにまとめた、いかにも漫画チックな絵だった。ふつうの子が描いたふつうの絵にちがいないのだが、ぼくはひどく気味の悪い印象を持った。

その「人間」には腕も脚もないのだ。胴体に頭だけがのった「人間」だった。なぜそれらが「ない」のか？

「つい数年まえに突然、五歳や六歳にもなるのに腕のない人間を描く子が出てきました。それまでそんなことはなかったので、たいへん驚きました。でもその異変は一過性のことではなかったのです。その後も腕を描き忘れる子が続出。今年は、足を描かない子が一人出てきたんです。このままいくと来年は、多くの子が胴体だけのお母さんや、自分を描くのではないかと恐れています」

これは西宮市にあるレクタス教育研究所の正司昌子先生の言葉だ。

ぼくは幼児の早期教育の取材のためにそこを訪れた。けれどまず驚いたのは、レッスンのなかで子供が描いたというその奇妙な絵だった。ヘアースタイルはそれぞれ個性的で、リボンをしたり、洋服も花柄だったりするのに、腕を描き忘れているのだ。なぜその絵と、今回の事件がぼくのなかで結びついてしまったのか？

「そんな子が増えてきた理由はなぜでしょうか？」

ぼくの質問に正司先生はひどく困惑した表情をみせた。

「最近の子供たちが昔ほど手を頻繁に使っていないからだ、と最初はだれもが思っていました……」

けれど、そうではなかったという。ある男の子の例がそれを証明している。その子は大好きで得意なヨーヨーをやっている自分を絵に描いた。けれどやはり腕がない。ではヨーヨーの糸をどこにつなぐのだろうかと先生がみていると、彼は仕方なく胴体の部分にくっつけてしまった。

「ヨーヨーのようにいつも手を使っている子や、跳び箱が得意な子も、やはり腕を描き忘れる。その理由は、日常的に手を使う頻度が減ったからというだけではなさそうなんです」

いま子供たちのなかで、異変がおこっている。他者を、生きた肉体を持った存在としてとらえる回路のようなものが、つくられていないのではないか。いや、他者だけでなく、自分もふくめて、人間を血と肉と心を持った存在としてみるまなざしがどこか希薄なのではないか。ぼくがその絵をみたときに持った最初の印象はそういうものだった。それが今回の事件と奇妙に重なったのだ。もしかすると加害者の児童は、事件をおこして初めて人が血を流し死ぬ（＝生きている）存在だということを理解したのではないか……。

なぜ母親は気がつかないのか

最近の子育てには体温のぬくもりが失われている。こうした声はよく耳にする。「だから私は赤ん坊を母乳で育てている」という母親もいる。

わが子を抱くという行為そのものが大切だ、というわけである。けれどいま多くの若い母親は授乳させながらテレビをみる。あるいはケータイでメールのやりとりをする。形だけ授乳し抱いているだけという場合もある。赤ん坊と顔を見合わせ、目と目を合わせることが少ない。赤ん坊は母親の表情の変化を学ぶことで成長していく。それが欠けているのだ。外出するときは、かつてはねんねこ半纏を使った。そこでは体と体が接する。けれどいまではベビーカーになってしまった。あるいは車におかれたチャイルドシートか。

体を接する、母親の体温を感じる時間が子供によっては短くなっている。そのことと腕や脚を描き忘れるということとつながってはいないか？　腕に抱かれる、脚で歩く母親の背中で揺られる。こうした体験が不足することと、子供たちが描く奇妙な人間の絵はどこかで通じているのかもしれない。

正司先生にさらに話をきいた。その口から語られる子供たちの現状は、耳を疑うようなものだった。

ある子供に、話をきかせてそれを絵にする問題をだした。そのなかに川が出てくる。子供はせっせと川の絵を描き始めた。ところが、画用紙に描かれたのは四角いプールの絵だった。黒い四角い枠のなかを水色のペンで塗ったものだ。

横でみていた母親が青ざめた。

「それはプールでしょ。川を描くのよ」

その子はすでに小学生になっていた。しかも有名私立の二年生だ。けれど彼は頑として、これが川だといって譲らない。彼にとって川とは四角いプールだった。正司先生はきいてみた。

「本物の川をみたことがある？」

すかさず「いつも電車のなかからみているでしょ」と母親が息子にいった。

「いつもお教室の行き帰りに淀川をみているはずなんですよ」

ところが彼はやはりその淀川が四角い、と言いはる。

先生はすぐに気づいた。電車の車窓からかいま見える川は、鉄橋と鉄橋によって切りとられた四角いプールのようにしかみえない。その子にとって、唯一知っている川は四角いのだ。

試験に合格して入学した私立小学校に通う子供が四角い川を描いたことは、先生にとってもたいへんなショックだった。けれどそれは例外的な事例ではないことが判明した。その後、四角い川を描く子がどんどん増えていったのだ。蛇行しながら流れる川を描く子はまれにしかいなくなった。これだけではない。いまでは丸い池のような川を描く子も多くいるという。川だけではない。海を描かせると、これまたプールのような四角い海になる。海、川といった自然界を構成する基本的なものが理解されていない。というより錯覚して認識されている。

こうなると、もし母親がたとえば童話の桃太郎について語ったとしても、子供たちの頭のなかでは四角い川に桃が浮かんでいるということにもなる。

「親が伝えたと思っても、子供にはまったく別のイメージが浮かんでいる。コミュニケーションがはかれていない。それを大人は気づいていないということもおこるんです」

さらに驚くのは三角形を描けない子が多いということだ。どうしても楕円になったり、四角になったりする。

「考えてみれば部屋の窓の外をみると、かつてあった家なみはなくなっている。あるのは縦横の線が目立つビルやマンションばかり。三角屋根を知らない子が多いんです。信じられないかもしれませんけど、斜めの線というのを認識できていない子がいるんですよ」

現代っ子が三角形を描けなかったり四角い川を描くのは、正司先生によると実体験のなさ、視覚からそれが消えたことによるのだという。

たしかにいまの子供たちのなかには、実際に流れる川をみたり、そこで遊んだりしたことがない、という子も多い。体験していないのだから、電車の車窓からみた川を川として認識して、それを絵にする。考えてみればあたりまえのことだ。

こうした異変はここ数年でおこったことだ。それは正司先生のところにくる子供たちだけのことではない。

「いろんな地域からやってくるのに、いちようにそうした傾向があるんです」

これはまちがいなく全国的に発生している現象である。あまり知られていないのは、幼稚園などでその恐ろしい現実を封じこめてしまうからではないか。ある関西のテレビ局が幼稚園を取材しようとした。けれどテーマを知って断られたという。「うちにはそんなヘンな子はいません」というのが理由だった。教育現場はマイナスイメージを恐れて、現実を覆いかくそうとしている。

分数ができない大学生が「社会問題」になっている。けれど正司先生からみると、事態はさらに深刻だという。

「いまの大学生が子供だった時代の一〇年ほどまえというと、ちょうどここの教室を始めたころで、私が教え始めた年代なんですね。そのころの子供たちはいまの子供とくらべると、みんな天才でした。もし彼らがタイムスリップしてきたら、いまの子はなにをやらせてもかなわないでしょう」

大学生の学力低下が問題視されている。でも少なくともその子たちの幼年期は、いまの子よりもずっと優秀だったのだ。腕や脚を描き忘れたり、四角い川を描く子供たちが大学生になったら、あるいは社会へ出たら、いったいこの世の中はどうなるのだろうか?

この教育研究所をスタートさせる以前から二〇年近く、幼児たちをみてきた正司先生の危機感は強い。けれど、それがなかなか親に伝わらない。親たちは過去の子供たちを知らないのだ。同世代の子とわが子との比較で判断するしかないからだ。けれどわが子が四角い川を描くと、さすがに慌てるという。

それで川に連れていくのかというと、そうではない。ある親はビデオショップに走り、ドナウ川やライン川の映った観光ビデオをみせたという。川だけでなく、土や植物を直にみせる、さわらせる、遊ばせるということをやらない。理由はわざわざ足を運ぶ時間がないというだけでなく、そんなことをさせると「汚いから」だという。O157騒動以来、親たちは雑菌にたいして過敏になっていて、それが子供たちの活動をせばめてもいる。

レクタス教育研究所はいわゆる「お受験」もあつかっているが、その基本は幼児の能力開発の塾である。大手の塾とちがうところは、マンツーマンのレッスンを基本としていることである。子供の数はつねに五、六〇人と固定されている。レッスンの内容はジグソーパズル、足し算、ひらがなを読む、カルタとり、カードをみせてそこに描かれたモノを答えるフラッシュカードなど、さまざまなカリキュラムが用意されている。驚いたのは、それを二時間、休みなくつづけていくところだ。

五、六歳の子にとって二時間は長い。そのあいだ席についたまま、黙々と課題をクリアしていく姿にはびっくりした。マンツーマンだからこそやれるのだろう。

つきそいのあるお母さんにきいた。

「家に帰ったときはぐったりしています。やはりかなり疲れるのだと思う」

レッスン内容をききつけて関西はもとより、千葉などから泊まりがけでやってくる親子もいる。

「ここはお母さんが、子供を預けっぱなしというわけにはいきません。そばにつきそっていて、どんな内容か覚えてもらいます。宿題もだします。家庭にもどってお母さんが先生役になれるような内容になっています」

子供だけ通ってくるというわけにはいかないのだ。もちろん母親は専業主婦が多い。

「子供より私」の発想

最近の子供の異変には、母親のあり方がかかわっている、というのが正司先生の持論である。

「少なくとも二〇年まえは、母親がよそみをしていなかった。いい意味で教育ママだった。けれどいまは自分のことを優先させる人が多い。だから母親もつきそうというような私どものやり方は、若いいまの人たちにとってはちょっときついのかもしれません」

かつてのように母親が全面的に子供にむいていない、時間とエネルギーを使っていないところが問題だと、先生はいう。ないところが問題だと、先生はいう。けれどこうした考え方は「母親を追いつめる」として嫌われる。事実、先生を取材したある有名誌では、その主張の部分だけすっぽりと削られていたという。

たしかに最近では、子供を平気で居酒屋に連れてきて遊ばせ、母親同士が呑んでいるなどということを目にすることもある。これは極端だとしても、たとえ子供をかかえた母親になっても自分の愉しみを捨てたくないという人は多い。そういう時代である。

新幹線で帰路についた。ぼくは暗澹たる気分だった。これからいまの子たちが大人になる。それはどんな社会だろうか？

同行した編集者も気持ちはおなじだった。母親と肌で触れ合う時間が減り、自然のなかで遊ぶことがなくなった弊害が、子供の異変としてあらわれているのだと思った。要は体験をどう復活させるかなのだろう。

けれどぼくには、どうにも腑に落ちないものがあった。あの四角い川の絵だ。

「なぜ水色なんだろう？」

「川だからでしょ。そこまではいまの子だってわかっている」と編集者はいった。

「いや、実際にみた鉄橋で切りとられた川を描くなら灰色でしょう。実態は水色ではない」

そのときぼくには、子供たちに不足しているのは、たんに実体験だけではないのではないかという疑問がわきおこった。川が水色だというのは実態ではなく、いわば概念のようなものだ。彼らは部分的にそれを採り入れ、実際に目にした川にあてはめている。山から蛇行しながら流れる水色の帯が、正しい川の絵だとする。ぼくは子供のころたしかにそのように絵を描いたはずだ。けれどそれは実際に目にした川ではなく、概念としての川だ。山から海へ下る川などみたことがなかった。日々目にしていた川も水色などではなかった。

うまく走れない小学生

もしいまの子を郊外の川辺、たとえば多摩川の土手に連れていき、帰ってから川を描かせるとどうなるだろうか？　編集者が答えた。

「うーん、蛇行する川ではなく、画用紙に水平に流れる水色の帯を描くのではないかなあ」

「きっとそうだね」

彼らはみたものを即物的に描くのだ。不足しているのはむしろ思考力である。ものごとを概念化する力が劣っているのだ。三角形という図形を描くという力は、まさに概念化である。

「腕を描き忘れるのもおなじですね」と編集者がいった。

彼らの興味は顔や服に集中している。部分を即物的にとらえて絵にする。興味のない部分は意識にのぼらない。人間という存在が概念化されていないからである。

「気味が悪いのはその部分だけが異様に微細なところだね」

「ニンジンの絵を描けない子もいましたね」

ニンジンを頭に思い浮かべ、それを描いてみようというレッスンで、どうしても描けない子がいたのだ。先生が「お子さんはニンジンを知ってますよね」と母親にきいた。母親は「はい、お手伝いで洗ったりしているんですけれど」と泣きそうな顔で答えた。

体験しているのだ。みてもいる。けれどそれを描けない。しかもその子は思い浮かべるとき、目をつぶる動作ができなかった。「目を閉じて」といっても、すぐに開けてしまうのだ。先生によると、かならずこうした子はいるのだという。目をつぶれない子がいる。いったいなぜだろう？　自分でイメージを思い描くことができないとすると、たしかに目を閉じるのは苦痛かもしれない。というよりも不安だろう。視覚偏重の生活によって、自分でモノをイメージする力が育っていないからか。

「やっぱりテレビとゲームで育ったからですかねえ」と編集者がつぶやいた。

ぼくは子供時代、落書きを片っ端からやった。紙が貴重だったから、母親は折り込み広告を利用して落書き帳をつくってくれた。ゲームもなければ、テレビ放送も昼休みがあって中断するような時代だった。兄妹で、また近所の子たちと競いあって絵を描いた。地面に釘で絵を描くこともあった。これも訓練の一つだったのだろう。いまの子はその時間が圧倒的に不足している。

もちろん、実体験もない。

川に入るということもまずないだろう。ぼくは幼児のとき川で溺れかけたことがある。川は流れるものだということを、苦しみのなかで思い知らされた。

遊びは子供が夢中になってやるものだ。おそらくその懸命さが思考力の発達を促すのだろう。いま子供の遊びは、電子機器の受動的なものが主流だ。遊びはシステム化され、生活はせかせかした落ち着きのないものになっている。

減ったのはお絵かきや積み木、あやとり、折り紙といった室内遊戯だけではない。屋外の缶蹴り、馬跳び、馬乗り、ゴム飛び、鬼ごっこ……。それらをぼくが目にする機会はない。いや、近所でみかけたという声もきかない。かつてあったこれらの屋外遊戯は死滅したのだろうか？

こうした遊びは、ぼくらが考えている以上に、子供の成長にとって大切なものだったらしい。

「この一、二年でうまく走ることができない子が出てきて、驚いています」

東京・青山にある「こどもの城」幼児体育教室の指導員、大関宏さんはため息混じりにいった。

この施設では学校の体育ではできないやり方で、体を動かし遊ぶ「講座」をひらいている。一時間のあいだに、たくさんの種目を、なるべく愉しんでやるようにしている。そのなかで走るという動作は、たいていの種目に必要な共通の動きである。

「『走って！』というと、ベタ足でただバタバタ速く歩いているだけの子が出てきた。走れないいんです」

幼稚園児だけでなく小学校低学年になっても、かかとをあげて床を蹴るということができない。歩き始めた幼児が早足で動きまわっているだけ、という感じなのだ。

「自由に動きまわらせると、だれかとぶつかってしまう。相手の動きをみたり、かわしたりすることができないんです。これは外で遊んでないからだと思いました。そこでまず、きちんと歩くところから始めなければならなかったんです」

鬼ごっこすら塾で学ぶ！

でも、走れない子は歩き方もぎこちない。「つま先だけで歩いてみよう」「大股で歩いてみよう」というように、動きを分解して正しい歩き方、走り方に導いていった。まさに歩行という基本から教えなければならなかったというわけである。

そのこともあって「こどもの城」では、失われた遊びを復活させた。それが「氷鬼」という変則鬼ごっこだ。鬼にタッチされた子は両手両足を広げて木になる。だれかが股の下をぐると人間にもどり、また走りまわる、というものだ。

実際に見学してみた。二〇人ばかりの子供たちは、嬉々として遊び興じていた。昔、自分もそうやって遊んでいたのだ、ということを思いだした。ただしぼくの場合は、こんなきれいな床張りの体育館などではなく、近所の空き地だった。騒ぎすぎてときに大人に怒鳴られたりもした。隠れる場所を苦心惨憺して探し、膝を擦りむいたり服を泥だらけにしたものだった。いまはケガすることもなく、与えられたルールのもとで「遊んでいる」。というより「講座を受けている」というべきか。

もっともちがうのは、体育館のガラス張りの二階席から親たちが見守っていることだ。それはスイミングスクールやサッカークラブとおなじ光景である。その数は子供たちと同数。親の出席率は一〇〇パーセントだ。

マイカーで通ってくる親子もいる。自宅からマイカーに乗り、講座料を支払い、鬼ごっこをしながら、体の基本動作を体得していく、そしてまたマイカーで家にもどっていく。それが二一世紀になった現代っ子の姿だ。こんな光景をいったいだれが想像できただろうか。

けれどここにくる子供、あるいはレクタス教育研究所に通える子供は、まだ幸せなのかもしれない。いまや子育てもサービス産業の支えによらなければ無理な時代になった。遊びも勉強もお稽古ごとも、すべての子育てはアウトソーシングされた、ともいえる。その外部化に経済的に、時間的に適応できる親子はまだいい。多くの子供は、あいかわらずテレビとゲームづけの毎日をすごし、そのまま小学校に入学する。それが現実だ。

専業主婦ならまだしも、世の多くの働く主婦の場合、育児に割ける時間とエネルギーはかぎられている。かつては、それをカバーする人間関係があった。たとえば祖父母が同居していた。あるいは近所には子供たちだけのネットワークがあり、そこで遊びながら有形無形の生きる知恵を学びとっていった。

それがない時代に、子供たちはいったいどうやって「育って」いくのだろうか？

第四章　暗算

脳という開拓地――神奈川県・横浜市「神林そろあん教室」

なぜ瞬時に暗算ができるのか

そろばんは計算の道具としてはもはや過去のものだ。もっと別の使い道がある。その考え方を、過激にうちだしている人がいる。

二〇〇五年の真夏の日曜日。昭和女子大の公開講座には二〇〇人ばかりの人々が集まった。大半は東京の山の手から集まった女性、それも幼稚園、小学生の子を持つ母親たちだった。講座が修了すると、彼女たちは講師を取り囲んで矢継ぎ早に質問を浴びせた。輪の中心にいたのが神林茂さんだった。彼は横浜で「神林そろあん教室」を主宰するいわばそろばんの先生だ。「そろあん」とは「そろばん」と「あんざん」から生まれた造語である。

なぜそれほど母親たちに人気なのか？　講座では小学校低学年の子供たちが参加したデモンストレーションがあった。そこでは驚くべき光景が展開された。

壇上のスクリーンに五桁の数字が映しだされたか、と思うまもなく消える。読みとる時間はない。さらにまた新しい五桁の数字があらわれる。またそれもすぐに消えてしまう。こうして瞬間的にあらわれては消える数字を、子供たちが一心にみつめている。

じつは彼らはその数字を頭のなかで足し算しているのだ。そして小さな子供が七桁にもなる正解をスラスラといってのけるのだった。そのたびに会場が大きくどよめいた。大人たちはキツネにつままれた思いである。

これが「フラッシュ暗算」と呼ばれるものだった。神林そろあん教室の機軸になっているレッスンである。テレビなどで紹介されて一部に熱心な信奉者もいる。

神林さんの口ぶりは自信に満ちていた。

「教科書をすべて記憶できるようになる」

「イチローも七〜八桁の数字を一瞬で読みとる」

「うちの教室の高段者にはＩＱ一四〇以上の子が多い」

そうきくと、どうしてもわが子を教室へ通わせたいという人がたくさん出てくるのも当然だ。けれど神林さんは、横浜の教室まで一時間以上かかる子供は断っているのだという。週二回通うというのが前提で、往復で二時間以上かかるようだと、子供への負担が大きすぎるからだ。

「私が設定した目標を達成させるためには、週に二回むりなく通えるということが条件になります」

みんなおもしろがって熱中する

ふつうのそろばん塾は週に一回程度で、子供たちが集まりやすい時間に開かれるというのがあたりまえになっている。週二回、それも決まった時間になどと厳しくしていては、生徒が集まらないはずだ。

その点、神林さんが子供たちに課する条件は厳しい。たとえば第二章で紹介した尼崎市立杭瀬小学校の取り組みにたいしても、こう語る。

「いままで小学校での『そろばん』授業といえば、年間四～六時間程度でした。それから考えれば、杭瀬小で五〇時間という時間数を確保できたことは、すごいことだと思います。ただ、この程度の時間では、すべての生徒に暗算力を身につけさせることはむずかしいでしょう」

杭瀬小のような公立校と神林さんのような私塾とでは、もともと目指すものが異なっている。杭瀬小では基礎的な計算力をつけさせて、できる子もそうでない子も全体的にレベルアップさせる。さらにそろばんを通して集中力をつけさせ、勉強へのやる気もおこさせる。保護者のアンケートなどをみるかぎり、一定程度の成果はあがっているようだ。

けれど神林さんの教室が目指すのは、もっと高度な「右脳開発」だという。ここではフラッシュ暗算だけでなく、一枚の折り紙を頭のなかで折って、それがどんな形に変化するか正解を求める練習、二次元の図形を三次元的に視覚を変えると、図形の形がどのように変わるかをイメージする練習など、風変わりな方法を採り入れている。それらの多くをパソコンでやるのが特徴である。

「算数がにがてで成績も中の下くらいだった子がこの教室で自信をつけて、めきめき成績をあげ、国立大学に入ったという例もあります。まちがいなく計算力だけでなく、空間の処理能力、記憶力も高まる。しかもそれを、小学校の一、二年くらいまでだと、たいていの子が身につけられるのです。ポイントはみんながおもしろがってやるところ。私は強制的に教えるようなことはしないんです」

神林さんの教室では計算力にとどまらない、より大きな効果を目指している。

「そろばんは計算の道具ではなく右脳をトレーニングする道具なのです」と、彼は断言した。

いまから二〇年以上まえだが、ぼくは右脳、左脳という言葉がブームになったころ、ある雑誌で特集記事をつくったことがある。いま考えるとずいぶん乱暴なまとめ方だった。右脳はイメージ、左脳は言語をつかさどるというような雑ぱくな理解だった。それでも一般にはまだ知られていなかったため問題はなかった。

ぼくは神林さんの取材で久しぶりにその「右脳」という言葉を耳にした。なつかしい気さえした。ところが、調べてみるといま世の中は右脳ブームなのだという。右脳を集中的に「開発」することで、さまざまな能力をアップさせられるということが盛んにいわれている。

けれど脳科学で少しずつわかってきたことは、脳の機能ははっきりと右脳、左脳と弁別できるほど分化していないということだ。それぞれがランダムにそして複雑に関連しているらしい。

さらに右、左というだけでなく、もっと脳を細分化してみるようにもなっている。そのなかで特に注目されているのが「前頭前野」という部分。これは左右の脳どちらにもある。ちょうど額の後ろあたりの部分だ。ここでは思考や記憶、感情表現、他者理解などを担い、脳のなかでももっとも重要な部分だといわれている。

「泥んこになって遊ぶ子ほど、よく伸びます」

この前頭前野の働きぐあいをそろばんでみるとおもしろい。読みあげ算で珠を弾いているとき前頭前野はよく働いているのだが、暗算だと少しちがってくる。ことに競技会で優秀な成績をとるような達人たちになってくると、暗算ではほとんど前頭前野は使われないのだという。ゲームを夢中になってやっているときや、テレビをみているときも前頭前野は使われない。一方、声を出す暗唱や百ます計算などではそれがおおいに働く。推測だが、発声する、鉛筆で数字を書く、そろばんの珠を弾くという体の動きをともなうときに前頭前野はしっかりと働くということではないだろうか?

つまりそろばんというのは暗算、珠を弾く読みあげ算などによって広く脳を刺激するすぐれた「道具」だともいえる。教育現場でそろばんが復活しているのは、たんに懐古的な意味ではなく、脳を活性化させるという役割も担っているのだ。

一方、フラッシュ暗算や「右脳開発」のレッスンは、前頭前野以外の脳を活性化させるもう一つの不思議な方法を会得するためだといえるかもしれない。

神林さんの話で印象に残ったことがある。そろあん教室に入るまえに幼児教室で筆算を勉強してきた子がたまにいる。優秀でプライドも高い。けれどそんな子にかぎってやめてしまう。筆算に頭が固まっていてフラッシュ暗算ができないのだ。その一方、いつも泥んこになって遊んでいたような子ほど空間処理が巧みで、よく伸びる。

これまで教育というと躾から学力、体力まで、その子供の全体を対象としていた。それがここにきて局所化、部分化が進んでいるように思える。その中心にあるのが脳である。ぼくはそんな傾向にいささか危うさを感じる。教育から身体性や心といったものが抜け落ちるのではないかと心配になる。泥んこになって遊んでいた子ほど伸びるというエピソードが心に残るのは、そんな危惧があるからだ。

杭瀬小、神林そろあん教室、一見相反するような二つの教育現場も、そろばんが子供の自発性を呼びおこす道具としていかに有効かを証明している。パソコンのようなIT技術、そろばんのような伝統的な道具、それらを分けへだてなく柔軟に採り入れることがいま、学校に必要とされている。

第二部　学校を選ぶ――公立校の底力

第五章　一貫校
公立校復興の狼煙——広島県・東広島市「広島県立広島中学校・高校」

鳴り物入りの新設・一貫校

今から一年あまり前のその日、東広島市の郊外にあるふだんは静かな一帯が、大勢の人々でにぎわっていた。新しい中学と高校が開校する朝だった。昨今、廃校になる学校は多い。統廃合の末に小さな学校が設けられることもある。けれどこれは、まっさらな新設校である。

大きくりっぱな体育館に、早くからたくさんの人々が詰めかけていた。館内では腕章をつけた新聞社やテレビ局のスタッフたちが忙しく動きまわっている。県内のすべてのマスコミが顔をそろえたという。来賓の席には県知事、県議会議員という名札もみえる。入学する中学一年、高校一年の生徒とその父兄で広い館内も、たちまちいっぱいになった。これほど大がかりな式典になったわけは、広島中学・高校が県立だということだ。教育改革が叫ばれるなか、公立中高一貫校が新設されるとあって、全国的にも注目されたのだ。敷地と建物にかかった費用も、ざっと一〇〇億円にのぼるという。

堅苦しい式典会場を抜けだすと、ぼくは校舎の中庭にあるベンチに腰をおろした。舞いおりた小鳥たちが渡り廊下の上を跳ねている。足元の芝はまだまばらで、等間隔に植えられた樹木も細くたよりない。その光景がこの学校の現在を象徴しているように感じられた。すべてはこれからなのだ。

とどこおりなく開校式がおわると、併設された寄宿舎で開舎式があった。その後、生徒たちはそれぞれ指定された部屋へと入っていった。中学一年生二八名と高校一年生四九名の男女である。全校生徒のうちの二〇パーセントにあたる子たちがここで暮らすことになる。

中学生は四人部屋、高校生は二人部屋だった。中一の男子の部屋をのぞいた。あてがわれた自分の机について、椅子の座り心地をたしかめたり、窓から外を眺めたりしている。一方、つきそいの家族たちは、生活用具をロッカーにしまったりとせわしなく動きまわっている。ときどき「パンツここよ」などと声をかけるのだが、子供は上の空だ。同室になった四人の生徒はなぜか視線を合わせないままだった。そこに漂っていたのは、新生活のスタートにさいしての晴れ晴れとした雰囲気ではなく、漠然とした不安感だった。ぼくはなぜか入院病棟を連想した。初めて親元をはなれての集団生活。現代っ子は大丈夫だろうか？　そんな老婆心をおこさせるほど、彼らの顔はいちように幼かった……。

そのときから一年と三ヵ月がたった。いまや中高一貫教育は教育界のトレンドのようになっている。はたして現状はどうなのだろうか、あの幼な顔だった子供たちは成長しただろうか？　ぼくは二〇〇五年の六月末、ふたたびそこを訪ねてみることにした。

午前八時、ぞくぞくと生徒たちが登校してくる。この日は番本正和校長（中高兼任）と吉賀忠雄教頭（中学）が校門に立った。この年、新入生を受け入れて、中高それぞれ二学年ずつになった。その全校生徒、七六六名がつぎつぎに校門をくぐっていく。

「おはようございます」

全員が挨拶する。声が小さい元気のない子には先生が言葉をかける。自転車通学の子も多い。校門まえの横断歩道にさしかかると、いったん自転車をおりて押しながら渡る。一人の子が横断歩道の途中で自転車をおりた。すかさず「やりなおし」の声がかかった。規則はきっちり守らせるという学校の姿勢をかいま見た。駅のまえ、通学路の途中にも先生たちが立って、朝の声かけをやっているという。毎朝、つづけている結果なのか、みんな驚くほど素直に挨拶する。服装も学校案内に掲載されている写真のように乱れがない。

「ほら、あそこにみえるでしょ」と校長が指さした。学校にむかって学習塾の看板が立っていた。

「開校に合わせて立ったんです」

進学校、有名校の生徒ほど塾に通う率が高くなる。学習塾にとって、この学校の生徒たちも「得意客」と目にうつったらしい。けれど一般の進学校ほど、広島中高生の塾通いは多くないという。寄宿舎生になると、平日は校外に出られない。よって塾に通うこともできない。けれど、授業と自習だけで受験に対応した学力をつけるのは簡単ではない。ぼくはある進学塾で、入試でためされるのは「学力」ではなく、受験の「技術」だ、という声を耳にしたことがある。

ここは県立だから、県内に住む生徒はだれでも受験できる。遠方から通う子も多い。なかには片道二時間近くかけて通ってくる子もいる。寄宿舎生でなくとも、遠距離通学の生徒は平日、塾に通うことはむずかしい。進学という面では、それだけ学校の授業が重要になってくる。

膨大な「シラバス」を読みこむ親

場所を校長室に移し話をきいた。まず驚かされたのは校長が開校時にかかげた「公約」である。

「国公立大合格率七〇パーセントと学校案内にも書きました」

受験塾なみのストレートな目標だ。ふいに校長は立ちあがると、棚から取りだした冊子をテーブルにどんとおいた。

「高校一年生のものです」

それは授業の年間計画を示すぶ厚い「シラバス」だった。ここ数年、こうしたシラバスを作成し、年間計画にそって授業を行う動きが中学校、高校でも出てきた。数枚のペーパーを綴じただけというものもあるなかで、目のまえにおかれたシラバスは電話帳のような厚みがある。ひらいてみると一一一頁もあった。そこに辞書なみの小さな文字がびっしりとならんでいる。むしろこれほどのものをほんとうに消化できるのか、と疑問さえ覚えるボリュームだ。

「これを生徒にも配布しています」

耳を疑った。シラバスを生徒にも示すというのはきいたことがない。それは当然、生徒から保護者にも渡るということだ。けれどこれをすべて読みこむほど熱心な親は、そう多くはないだろう。そのぼくの疑問を否定するように校長はこういった。

「保護者の熱心さには日々、驚かされます」

中学校での授業参観率は八〇パーセント近く。さらに運動会になると県内各地から二〇〇〇人近い保護者が集まってくる。駐車場の確保に頭を痛めるくらいだ。地元の普通校ではなく、あえて新設の一貫校にわが子を入れようというくらいだから、やはり教育熱心な親たちが多いのだろう。

この学校の出現にもっとも驚異を感じたのが、県内の有名私立学校である。もともと教育県として知られる広島だったが、ここ数十年、進学面では公立が停滞し、私立に生徒が流れたといわれている。ところが県立広島中高の新設は、公立の巻き返しとしても話題になったらしい。

実際にこの学校の場合、前年の開校時、入学競争率が高校の約二倍にくらべて、中学が一二倍弱と断然高かった。私立の中高一貫校を目指していた生徒たちのなかに、ここへ切りかえた者が少なくなかったとみられている。

近年、日本では私立志向が強まっている。教育熱心で余裕のある層は小学校のころからわが子を私立へ通わせるのが少しも珍しくない。それを見越して、最近は私立の小学校や中高一貫校も新設されている。大都市圏では成績のいい子は私立へ、という傾向はとどまるところを知らない。相対的に公立は学力が低下する。そんな状況を危惧する声は強い。たとえ貧しくとも、学力さえあれば国立大学で学べるという、平等な教育の機会均等が崩れるのではないか、というのだ。たしかにその危惧には一理ある。

そもそも公立の中高一貫教育はどのように始まったのだろうか？　文科省によって制度化されたのは平成一一年。それを受けてさっそくその年、宮崎県に六年制の五ヶ瀬中学校・高校（その後「五ヶ瀬中等教育学校」に校名変更）がつくられている。当時のメインテーマは「ゆとりある学校生活」だった。中学入学も学力試験をせず適性検査や面接、実技、推薦、抽選などにし、さらに高校入試をスキップすることで、学校生活にゆとりを持たせようというのが、おもな目的だったのだ。つまり中高一貫校をつくって、小学校から大学入試のままでは受験の圧力から解放された教育を実現しよう、ということが主眼だった。中学校での内申書の重圧から解放されるのも大きかった。そのゆとりのなかで国際化、価値観の多様化に即した教育をはかるということも目標としてかかげられた。これが「中等教育学校」といわれるタイプの一貫校である。

これにたいして広島中高は「併設型」をうたっている。より柔軟に中高の接続を行うというものだ。

私立を意識した大学受験体制

この学校の場合、高校は中学より二クラスぶん多い。

いまの中学二年生が再来年高校生になるときは、無選抜であるが、外部から入ってくる八〇名については、他の高校と同様に筆記試験によって選抜されて入学してくる。外部から新たに入ってきた八〇名の生徒といっしょに机をならべることになるのだ。

また、この広島中高では、習熟度別指導を積極的に導入するなど、中身は有名私立の一貫校に近い態勢をとっている。

「ゆとり」「個性化」などを目標とした公立中高一貫の潮流は、大学受験を目指す「学力」重視型に転換した。広島中高はその典型であり周囲の期待もそこにある。国公立大合格率七〇パーセントという「公約」が、そのことを物語っている。

大学入試での一貫校の強みは高校入試をスキップするかわり、その時間とエネルギーを大学受験にふりむけられるということだ。前倒しのカリキュラムを組んで高校三年生では受験勉強に集中する。

けれど広島高校では、普通の高校とちがって三年生の三学期も学校独自の科目を設けて演習や大学の学問へ誘う授業を行う予定だという。公立校としては、なりふりかまわずに受験体制をつくるわけにはいかない。けれど、進学校としての実績づくりも求められる。はた目からみると、そのはざまで揺れ動いているようにみえなくもない。

この学校のカリキュラムを目にして驚いた。一時限は五五分間と長く、なんと昼休みはたったの四五分しかない。かなりのハードスケジュールだ。

そんななかで、ユニークな取り組みが試みられている。「総合的な学習」では中学生と高校生がいっしょになって議論したりということもある。また選択授業も採用している。この日の四時限目、中一では英語、数学、社会、理科、国語の五科目が生徒の選択で受けられるようになっていた。選択英語のクラスでは、ネイティブの外国人教師のもとに二〇人ほどの生徒がゲームを交えた授業を行っていた。体の部位（ネック、アームなど）を言い当て、正解するとキャンディが一個もらえる。最後はそれらのワードを歌詞にふくんだ歌に合わせて全員で踊る。生徒の気持ちを引きつける工夫がなされていた。

また「ことば」という興味深い授業もある。テーマは少子高齢化。まずその原因や予測の仮説を立てて、つぎにインターネットでその根拠となるデータを探し、最後に仮説が正しいかどうか検証する。これが社会科の授業ではない、というところがミソだ。論理的な思考力と言葉による説明能力を磨くための、国語の授業だった。

　感心したのは体育だった。三時限目の高校一年生は弓道だった。武道場に専門の講師をまねき、その指導にしたがって全員がつぎつぎに弓を引いていく。なかには的の真ん中を射る女子生徒もいた。生徒たちが粛々と弓を引く姿は清々しかった。この日一度だけの体験学習というのではなく、これまでもなんども練習してきたらしい。ある程度身につくまでつづけるということだ。

こんなに本好きがいるとは！

　今回の取材中、予定にない興味深い出来事があった。中二の生徒のなかに小説好きの子供たちが多く、ぜひ会って話をしてほしいという要望があったのだ。彼らは読むだけでなく、自分でも小説を書いているという。その話をきいたとき、ぼくは校長が最初に語ってくれたあるエピソードを思いだした。

　――朝の全校集会のことだ。体育館に生徒たちが集まってくる。舞台上では生徒代表がピアノを弾いている。そのクラシック曲が流れる厳かな雰囲気のなかで、体育館はじょじょに生徒たちで埋まっていく。全員がそろうまで一五分ほどかかる。そのあいだ、生徒たちのなかに携えてきた本を一心に読みふける者がいる。一人や二人ではない。あちこちにそんな子供たちの姿があった。最初、校長は目を疑った。課題が出ているわけではない。ほんのわずかな時間を利用して、好きずきに読書しているのだ。

「教員生活を長くやってきたが、こんなに本好きの生徒がいる学校は初めてです」

いま絶望的なまでに若者の本ばなれが進んでいる。けれどこの学校にそれはない、という。

ぼくは、その小説好きの生徒たちが待つ教室に入った。一〇人ほどの生徒が顔をそろえていた。全員、中二だという。さっそく話をきいてみた。部活動ではなく、自発的な趣味として書いているのだという。その実態を把握している国語の先生にもびっくりした。よほどコミュニケーションがとれているのだろう。さまざまな質問を受けたり、こちらから話をしたりした。好きな作家には村上龍、赤川次郎など人気作家がならぶ。なかで驚かされたのは、彼らのまじめさと同時にその「忙しさ」だった。ほとんどの子は、テレビをみたりゲームをする時間などないという。近隣から通う子だろう。一人だけ一日に二時間ぐらいテレビをみると答えた子がいた。するとすかさず「そんな時間どうしてあるんだよ」という声が飛んだ。たしかに通学時間が長いとテレビなどみる時間はないだろう。

都会の私立校も遠距離通学者は多い。最近の子はテレビやゲーム、ケータイなどに時間をとられて、ろくに勉強しないといわれている。けれど進学校にかぎればそんなことはないのかもしれない。勉強する子と、まったくしない子の二極化が進んでいるのだろうか。

「適性検査」という名の入試問題

小説好きの生徒たちと別れたあと、ぼくは彼らが受けた入学試験をみせてくれるようにたのんだ。「適性検査」と題されたそのテスト問題を目にしたとき、ぼくは思わず膝を打った。

すべて文章問題だった。数式の計算や空欄を埋めるような問題は一つもない。算数、国語、社会、理科の領域にふくまれると思われる問題も文章で問われ（小六の子供たちにとってはとても込み入った長い文だ）、文章で答えるものになっている。時間内に全問答えるのは相当むずかしいはずだ。日ごろから文章に親しんでいない子はお手上げだろう。答えにたどりつくには、読解力、思考力がためされる。本好きだからこそ、こんな「試験」をクリアできたのだろう。

こうした「変則的」な試験問題になった背景には、公立の中学校では明確な入試選抜はやらないという文科省の方針がある。正解を求め合否を明確に点数化できるテストではなく、あくまで適性をはかる「検査」というわけだ。合否の基準があいまいになる危険性がある半面、暗記による学力ではなく、読み書きの能力や全体的な理解力をはかることができる。

登校風景の見学から始まった今回の取材だったが、あっという間に下校時間もおわり、すでに夕食の時間になっていた。ぼくは生徒たちがもどった寄宿舎を見学することにした。

前年の四月以来だった。食堂では生徒たちが三々五々集まり、その日の定食をかきこんでいる。寮のなかで男女が顔を合わせるのはこの場所だけだ。といっても、自然とテーブルは別々になる。ジャージ姿に洗い髪の生徒たちもいる。すっかり寮生活に馴染んでいるようだ。

「ホームシックになり泣きだす子や、体調不良を訴える子が、四月にはかならず出てくる。でも、五月になると、ケロッとしているんです」と、舎監（中学担当）の日浦泰志先生が教えてくれた。

新入生はいきなり四人部屋での生活。それまでの自由で甘えた暮らしが一変する。

中一、一二歳では当然心細さに耐えられない子も出てくるだろう。日程表をみせてもらった。思っていた以上に自由時間が少ない。午後四時の放課後から午後八時までの四時間しかないのだ。しかもそのあいだに部活動、入浴、食事、洗濯、掃除などをこなす。寄宿舎に入ると、テレビなどゆっくりみる時間はなさそうだ。

寄宿舎での平日の自習時間は中一、二で二時間二〇分、中三、高一は二時間四〇分。そのあいだは机にむかっていなければならない。しかもそのうちの半分は食堂でいっせいの学習になる。日ごとに教科が決まっていて、広島大学から院生たちが勉強をみるために、ボランティアでやってくる。スクールサポーターである。この日は英語だった。二年生のある子は、ハリー・ポッターの原書と翻訳書をならべてノートをとっていた。私語もなく、中学一、二年生と高校一年生一〇〇人ばかりが、真剣な顔つきでテーブルにむかっている。これなら塾は必要ないのではないかと思わせる迫力があった。一見、がんじがらめの毎日のようだが、睡眠時間は中一、二で七時間三〇分ある。これは平均的な中学生よりずっと多い。無駄に夜更かしする現代っ子のなかでは、健全な日常を送っている。

なぜ、寄宿希望者が多いのか

「寄宿希望者が多いんです。でも、どうしても通えない距離に住んでいる生徒にかぎっています」（番本校長）

規則正しい生活に躾を期待する親も多いらしい。最近では、どんなアンケートをみても、学校へ期待するものとして、躾や生活態度の向上を望む声がトップにくる。寄宿舎に学力向上と躾を期待するのもむりはない。

けれどそんな親の期待とは裏腹に、やはり集団生活に馴染めない者も出てくるだろう。毎日のことだから逃げ場がない。そうした生徒はどうするのか？

「それは学校もおなじです。寄宿舎にも学校とおなじように悩みをかかえた子がいる。寄宿舎だからきれいにまとまっているということはない。でも幸い、そうした問題で出ていった生徒はいません」

考えてみれば、かつての丁稚奉公などでは、いまの小学生くらいの年齢で有無をいわさず親元をはなれて働きにだされた。二〇歳をすぎても親元からはなれない子供が出現するようになったのは、ごく最近のことである。自立心をつけるという意味でも寄宿舎生活はいいのかもしれない。ホームシックになって泣いたことがたびたびあったという中二の女子は「いまではむしろ寄宿舎生活が楽しい」と話してくれた。

中部地方の大手企業数社が中心になって、愛知県蒲郡市に全寮制の私立の中高一貫校をつくるという報道があった。英国のエリート教育学校であるパブリックスクールをモデルにするという。学費が年間三〇〇万円、定員一二〇名にもかかわらず、説明会には一二〇〇人ほどが集まったという。こうしたエリート校だけでなく、寄宿舎のある学校はこれから増えていくだろう。

いま子育てはかつてなく家庭から流出し、外部化している。

義務教育だけでなく、保育園、幼稚園はもとより、早期教育のスクール、学習塾、お稽古ごと、スポーツスクールに通う子は多い。ほうぼうを取材して感じるのは、なにより生活態度の躾をアウトソーシングできないかと考える親たちが急増していることだ。寄宿舎はまさにそれにピッタリである。

最後に舎監の先生に案内されて男子の部屋をのぞいた。案外きれいに片づいている。撮影があるというので掃除したのだろうか？　ふとおかしなことに気づいた。どこも全体に暗いのだ。廊下の蛍光灯は消えている。

「生徒たちが自主的に消してるんです」

「いまの子は暗いのを嫌がるでしょ？」ぼくは首をかしげた。

「電気代は学校ではなく生徒が支払うことになっています。だから節電しているんです」

この節電運動は舎監やスタッフが知らないまに定着していたという。館内にはエレベータがあるが、ほとんど動いているのをみたことがないと舎監の先生はいった。女子の棟ではもっとはっきりしている。「エレベータ禁止」と書いた紙が生徒たちによって貼られているのだという。親に少しでも負担をかけまいという心遣いからだ。

最後にホロリとするいい話をきいた。

第六章　カリスマ校長

「陰山英男」という名の教育——広島県・尾道市立「土堂小学校」

過激な実験

いま小学校の統廃合が全国で進んでいる。それでもなお、日本には約三万もの小学校が存在する。さらに教室の数といえば、いったいどれくらいになるのだろう？　その一つひとつの教室には毎日それぞれのドラマがあり、子供たち一人ひとりがその喜怒哀楽を家に持ち帰る。それらの「思い」の数を想像するだけで、ぼくは途方もない気分になる。

小学生の数七三〇万人（二〇〇一年・文部科学省調べ）。そのなかでいまにわかに注目されている子供たちがいる。総勢一四七名。彼らが通うのは広島県尾道市立土堂小学校だ。のどかな地方都市にある小さなこの公立学校に人々の視線が集まっているのは、そこで一つの過激な「実験」が行われているからだ。教育関係者のなかには、土堂の実験こそが一縷の望みだという者さえいる。

ぼくがその学校を訪れたのは二〇〇三年一〇月、秋のおだやかな金曜日だった。七〇段ほどの階段をのぼると、ようやく校門がみえてくる。早朝、七時を少しまわったばかりだった。

校庭で水まきをしていた若い先生が「おはようございます」と声をかけてくる。だれより早くここへ到着して、朝の登校風景を最初から見学する、という目論見はあてがはずれてしまった。始業時間にはまだ一時間以上もあるのに。みると、階段を低学年の男の子がゆっくりとのぼってくる。肩からはみ出るようなランドセルを揺すりながらやってきたその子は、ぼくになんのためらいもなく「おはようございます」と挨拶した。これが東京あたりの小学校だったらどうだろうか。得体の知れない大人にこれほど素直に挨拶できるだろうか。

やがて黒いスーツに身をつつんだ小柄な人が階段をのぼってきた。「陰山英男」、四五歳だ。この人こそ「カリスマ校長」とも呼ばれる時の人だった。彼は校門の横に立つと、やってくる子供たちと朝の挨拶をにこやかに交わし始めた。赴任して半年、休まずつづけている日課だった。

「校長が子供たちと顔を合わせる場面は、あんがい少ないですよ」と彼はいった。

こうしていつもの朝が始まった。登校する子供たちは、つぎつぎに「おはようございます」と挨拶していく。校長先生だけでなく、見知らぬぼくにも。

子供たちが増えるにしたがって校内が騒がしくなっていった。気がつくと運動場にはおおぜいの子供たちの姿があった。教室にこもっている子はいないらしい。サッカーボールを蹴る子たち、女の子のなかには器用に一輪車にまたがる者もいる。体育館のほうから和太鼓の音がきこえてきた。町の祭りに参加するための練習だという。みんな小さな肉体からエネルギーを発散させている。

すべてが奇妙に感じられた。それはぼくがイメージする学校とはほど遠かった。四〇年まえ、まだ学級崩壊という言葉もないころ、それでもぼくら小学生は始業時間ぎりぎりに登校した。朝校庭で遊んでいる子はそんなに多くなかった。現在の学校は倦怠に満ちていて、覇気のない子でいっぱいだと思いこんでいた。なのにこのエネルギーはなんなのだろう。この学校では、たしかになにかがおこっているのかもしれない。

始業時間が迫った。

「さっそく六年生の教室をのぞいてください」

さきをいそぐ陰山校長のあとをあわてて追った。

百ます計算、音読・暗唱

この学校の六年生はわずか一四人。一クラスしかない。教室には机がコの字のむかいあわせにならんでいた。その上にはすでにプリントが一枚おかれている。担任のヨーイ、ハジメの合図とともに、プリントがいっせいに裏から表にかえされ、子供たちはまるでなにかにとりつかれたように、鉛筆を走らせる。タテとヨコにそれぞれ一〇個ずつならんだ一桁の数字をつぎつぎに足して、マスを埋めていく。一〇〇題の簡単な足し算だ。けれどその速さに驚いた。頭のなかにある答えをただそのまま書き写すようなスピードで答えのマスを埋めていく子もいる。一分を少し超えたとき、最初の子が手をあげた。すかさず担任がタイムを読みあげる。こうしてつぎつぎに手があがり、すべての児童が二分台で終了した。答えを合わせると、子供たちがタイムを申告する。

「おお、一〇秒も短縮か、新記録!」と担任がほめる。すべてがこの調子で、タイムは昨日の自分との勝負。隣の子との勝ち負けではない。

いちばん速かった子に陰山校長は「まだあと一〇秒は伸びる」と、ひとこと、まるで暗示をかけるようにいった。

これがいまや有名になった百ます計算である。じつはぼくも事前にこれに挑戦していた。ストップウォッチの示した結果は一分五〇秒だった。初めてやる大人は速い人でも四分ときかされていた。だとするとかなり優秀な成績だったともいえるが……。

そもそもあまり自信はなかった。ただ小学校一年生のとき一〇カ月ほどソロバン塾に通った。暗算が得意で夢中になってやり、県の大会にも出た。だが、その四〇年もまえの塾通いが、いまも頭のどこかに「力」として少しでも残っているとは驚きだった。

ということは、この子たちも、いまここでやっている蓄積が、たとえば四〇年後も残るということだ。

「つぎは暗唱の授業をみせてあげてください」

陰山校長が担任に指示をする。その言葉で子供たちが起立した。それからいっせいに暗唱が始まった。

――ニホンコクミンハ、セイトウニセンキョサレタコッカニオケルダイヒョウシャヲツウジテ……

これはもしかして？　まちがいない。日本国憲法の前文だ。

「もっと声をだして！　腹に力をこめる」と声が飛ぶ。その言葉に挑発されるのか、しだいに声が大きくなり、その調子も熱を帯びていった。

ぼくはこの憲法前文を丸暗記したことがある。大学の受験のためだった。一八歳のころ、自分が苦労したことを、この一二歳たちはいとも簡単にやってのけている。陰山校長によれば音読が暗唱には適しているのだという。これは彼の実体験にもとづいて考案された方法だった。

まえに赴任していた学校で受けもったクラスに国語が大のにがてだった児童がいた。その学校では声にだして教材を読むということがしばしば行われていた。なんどもおなじテキストを音読することで、内容の理解が深まる効果があるという。国語のにがてなその子もみんなといっしょに声をだしてテキストを読むうちに、数ページにもおよぶ教材を、すらすらと暗唱できるようになった。それからは以前にもましてクラス全体で積極的に暗唱に取り組むようになったという。

未来へのプレゼント

現在、暗唱用のテキストとして、この憲法前文のほかにも『枕草子』『学問のすゝめ』『徒然草』『奥の細道』『草枕』などがある。なかには、はたして小学生が理解できるのかというような「難解」なものもふくまれている。

ぼくは理解できない内容の文章を機械的に暗唱させることにいささか疑問を感じた。そのことを問うと、

「プレゼントです」と彼は答えた。

「というと？」

「将来、入試で出題されたとき、苦労していてよかったとなる。子供たちの未来へのプレゼント」

「つまり早期の受験勉強」

「でも、テキストをどれにするかというのは仕掛けの一つにすぎない。むしろ腹に力を入れて音読すると子供たちの精神が強くなる。それを狙っているんです。ねばりを生むんですね」

百ます計算、音読暗唱。どれも機械的で創造性を重視する教育観からは外れているような気がする。けれど陰山校長はちがうという。

百ます計算のタイムがあがっていく。最初はとても長くて覚えられそうになかった暗唱がしだいに頭に入っていき、やがて全文そらでいえるようになる。そうした成果が、子供たちのやる気やねばりを引きおこし、それが自信につながっていくのだという。独創性を問うのはそのあと、ということか。

じつは土堂小学校にくるまえに、ぼくは陰山メソッドといわれる独特な教育プログラムで学んだ卒業生に会っている。名古屋大学医学部保健学科に学ぶ荒川雅子さんだ。彼女は兵庫県の山間にある山口小学校を卒業した。その五、六年生のときの担任教師が陰山先生だった。

「憲法前文や古典を暗唱させられました。つらくはなかったです。全国でもこんなむずかしいことを暗唱しているのは、自分たちだけだと思うといい気分で、それだけで頭がよくなった気がしました。毎日プリントの宿題が山ほど出たけれど、つづけられたのは、そんな自信があったからです」

なんだかいいことずくめだ。でも疑問も残る。

いくら簡単な計算が速くなったところで、あるいは憲法前文を暗唱したところで、それが学力とそれほど結びつくのだろうか。

しかし現実に学力の向上につながっているのだと、陰山校長はいう。たとえば算数がにがてな子は簡単な足し算にも時間がかかる。それがより高度なかけ算、分数を解くとき、途中で投げだす原因にもなる。足し算引き算といった基礎的な能力が頭のなかでスラスラできるようになれば、おのずとよりむずかしい計算にも取り組みやすくなる。

「いまの子供には勉強するという姿勢、その行為をとらせること自体がむずかしくなっている。集中力がないんです」

家庭でやるべきこと

この集中力と百ます計算は密接につながっているのだという。たとえば百ます計算で急にタイムが落ちた子がいる。たいていは家庭に原因がある。家族関係の問題が子供の集中力を落としてしまうのだ。

これを逆にいえば、タイムがあがるということは、すなわち勉強へむかう精神的な構えも整っているということだ。

「読み書き計算の基礎学力を向上させることは、現代の子供たちが失っているものごとに気持ちを集中させる力を、回復させる手段でもあるのです」

授業の最初に百ます計算や暗唱をやる。そうすると、その後の授業もスムーズに展開する。これは現場の先生たちの証言である。この一見機械的にみえる反復学習も、見方をかえれば本格的な授業に入るための準備運動、プロローグということになる。

たとえば休み明けの子供たちの気持ちを、休日モードから授業モードへ切りかえるなどにはとても有効な方法だろう。

「それにしてもハッピーマンデーは教育に有害です」

ハッピーマンデー。すなわち祝日をずらして月曜を休日にしてしまう三連休のことだ。このハッピーがまったくハッピーではないというのが彼の意見だ。

彼はあるシンポジウムで聴衆の教師たちにきいた。三連休の後の授業がやりにくいと感じる人？　ハイという答えがなんと一〇〇パーセントだった。陰山校長は「こうしたことは現場での常識だけれど、外には伝わらない」ことが問題だという。ハッピーマンデーは教育現場にとっては害悪なのだ。

「三連休の月曜日は会社は休みにして、学校は登校日にする。すると夫婦二人で遊びにいくこともできるし、子供たちの連休ボケも少なくなる。学校の先生にはそのぶん夏休みを多くすればいい」

これが陰山校長の持論だ。

突飛な意見にきこえるが、よくよく考えてみれば一理ある。

国立教育政策研究所が前年度の小学校の授業数を調査している。各国との比較では日本の授業数が驚くほど少ないということがわかる。

たとえばイタリア、インド、フランス、カナダが五〇〇〇時間をこえているのにたいして、日本はわずか三八七二時間と四分の三しかない。たしかに少ない。ぼくが小学生のころは三連休など、五月のゴールデンウィークでもなかったし、土曜日も午前中は毎週登校していた。

陰山校長の意見が独創的なのは、たんに授業時間数が少ないことを問題にしているのではないことだ。それよりも、家庭での親たちのコミュニケーション不足までも視野に入れているところがおもしろい。

さらに彼は家庭での食生活をも問題にする。

実際いま子供たちにおける食の調査によると、彼らの栄養のバランスはかろうじて学校給食で保たれているということがいわれている。家庭ではインスタント食品、スナック菓子、レトルト食品が主食という例も少なくない。学校給食がなかったら子供たちのなかに、まちがいなく栄養不足による不調を訴える子が後を絶たないだろう。陰山校長の心配は子供たちの朝食が菓子パンなどでないがしろにされ、それが気力、学力に影響をおよぼしているということだ。

「傷ついていいじゃないですか」

土堂小学校で行われているユニークな授業はこれだけではなかった。それは二年生の教室をのぞいたときだった。

授業が始まると、担任の教師が紙芝居を始めた。子供たちは背筋をスーッと伸ばして、まっすぐな視線を紙芝居に集中させた。低学年の授業だと、勝手に席を立ったり、私語を始めたりする子がいるものだ。最近の小学校ではそんな乱れた教室があたりまえのようにあるらしい。けれどここではそんな雰囲気は微塵も感じられない。

この「秩序」はなにか仕掛けがある、と直感した。教師が「静かに」といったくらいでは、この雰囲気をつくることはできない。しかもこの教室には部外者であるぼくや校長がいて、さらにカメラマンがバチバチと写真を撮っているのだ。気が散らないはずはないのだが……。

やがて紙芝居がおわった。教師がその物語の感想を子供たちにきいた。

と突然、教師の指名もないのに数人の子供たちが勝手に立ちあがった。それからたがいの顔を見合った。まるで相撲のにらみあいのような、相手の意思の強弱を確認しあうような不思議な間があった。やおら一人が着席し、さらにつぎつぎにあきらめたように座ると、最後に残った子が感想を発表する。こうしたはたしあいのような発表風景が授業中にずっとつづいた。

仕掛けはこれだった。ちょっと考えると、教師が児童を指名するほうが緊張感を持続できる気がする。けれど自分の小学生時代を思い返すと、挙手する子はかぎられてきて、発言しない子はますます消極的になっていたように思う。ところがこの教室では競いあうように起立して発言する。

やがて、全員がまんべんなく発言して授業はおわった。そのあいだ、教室には緊張感と競争心が満ちていた。つねに活気があった。これでは、ふだん消極的な子もあおられるように発言してしまうだろう。だまって着席したままでいることが許されないような雰囲気がある。この授業は発表と同時に人の話をきく訓練でもある。感想を述べるためには、話をしっかりきいて理解しなければならない。

陰山校長によるとこれを「指名なし発言」と呼んでいる。授業の途中で一度だけ彼が子供たちにむかって口をひらいた。

「立ったら、すぐに発言すること。いい？　だれかがさきに発言したら、すぐに座ること」

つまり、あの見合いの間をなくそうというのだ。

「いまスタートさせたばかりだから、まだ形をなぞっているだけの授業です。発表の内容を評価するまでにいっていない」

ぼくにはおもしろい有意義な授業にみえたが、陰山校長の目にはこれでも不十分にうつるようだ。

「彼らもやがて、あうんの呼吸をつかむようになります」

七歳の子供に「あうん」の呼吸とはびっくりする。けれど、このぎこちなさがとれて、「あうん」の呼吸をつかむにいたるまで問題もありそうだ。いち早く立って発言した者が勝ちとなると、発表する子としない子で偏りが出るにちがいない。

ふいにぼくは、自分の小学生時代を思いだした。よみがえったのは苦い記憶だ。ぼくは授業中、積極的に手をあげて意見をいう子だった。ハイ、ハイ、ハイ……。自分の声がいまでも記憶の底にはりついている。そのとき挙手する者は、ぼくのほかにはだれもいなかった。けれど教師はぼくを指名せずに、質問をかえた。またぼくしか挙手しない。それでも無視した。彼はぼくのハイ、ハイ、ハイという耳障りな声にうんざりしていた。発表の偏りを避けるという教育的な配慮もあったのだろう。徹底的にぼくを無視した。つぎに彼はもっと簡単な質問に切りかえた。授業の内容はすっかり忘れたが、そんな成り行きだった。

質問が簡単になったので、多くの手があがった。ぼくはおもわず舌打ちした。チェッ。それが彼の耳にとどいた。ぼくは席からつまみだされ、五、六発頬を殴られ、教室から追いだされた。その後「お前は問題児だ」といわれた。

「指名なし発言」も、体罰をのぞけば、おなじ構造を持っている。発言をあおる、とにかく積極性を良しとする、にもかかわらずやりすぎるといけない。この矛盾を解決するのは他者に「譲る」という精神を培うしかない。これをどのように教えるのか。「譲る」ということこそ、子供にはもっともにがてな行為の一つである。

ぼくは自分の例を思いだし、教師の出方しだいによっては子供が傷つくのではないかと思った。

「傷ついていいじゃないですか。人間、傷つかなくて成長できますか？　それを恐れるから将来、そんな事態に直面すると、立ち直れないような大人になる」

たしかに傷つかず成長する人間などいない。それはそうなのだが……。

「子供を泣かさずに子供を伸ばすことはできません」

陰山校長は断言した。ぼくはそのとき「陰山メソッド」とよばれ脚光を浴びているこれらの方法が、たんに学習の技術というだけではない厳しい側面もふくんでいるということを知った。

「子供を追いつめれば、いいんです。でも、そこでほんとうに追いつめられるのは教師。その度胸があるかどうかがいま教師には問われているんです」

そこまでやって成果が出なければ批判されるのは教師である。いまや父母の学校へむける目は厳しい。事なかれで進むほうが安全だし、そうした教師も少なくない。逆に情熱を発揮すればするほど失敗も出てくるし、危険もある。けれどやらなければ教育の崩壊は食い止められない。彼のいうことはそういうことだった。

急増した一年生

ぼくがこの陰山メソッドの神髄を知りほんとうに驚くのは、つぎの一年生のクラスをのぞいたときだった。

土堂小学校は一年生だけが他学年にくらべて抜きん出て人数が多い。六年生とくらべると四倍ほどにもなる。これには大きな理由がある。

陰山校長がこの学校に赴任したのは本年度からだ。全国公募による採用だった。彼が「合格」した理由はいうまでもなくその実績からだった。それまで陰山校長は兵庫県の山間にある小さな学校の一教師にすぎなかった。けれど彼の名は教育界のみならず、一般にも知れ渡っていた。

ロングセラーになっている著書『本当の学力をつける本』の帯には「進学塾もないやまあいの公立小学校、一〇年の実践から難関大学合格者が続出しました」という文句がならんでいる。そのほかにも「陰山本」は数多いが、その実売部数は全部で三〇〇万部にもなっているという。さらに最近ではテレビでもとりあげられることが多い。

　こんな有名教師が校長として赴任した土堂小学校は、同時に文部科学省の「実践研究校」に指定された。柔軟なカリキュラム編成や校長の意向を尊重した教職員人事など、「学校の裁量権の拡大」をうたった全国に七つしかない小学校の一つになり、学区も拡大された。そこでこの「有名」校に入れようという親は、バス通学もいとわず子を通わせることになる。一年生が多いのはそれが理由だ。もちろん他学年の子たちも学区拡大の恩恵を受けているが、慣れ親しんだ学校を転校させてまで通わせようという親は少ない。

　つまり、この新一年生こそ、陰山メソッドによる教育をまっさらな状態で受ける初めての子供たちということになる。

　一年生といえば小学生になってまだ半年たらずだ。幼稚園の子供っぽい雰囲気を引きずっても不思議ではない。通常、教師は授業を始める雰囲気づくりだけでも苦労する年代だ。

　のぞいてみると、すでに授業が始まっていた。想像以上にうるさい。席をはなれている子、勝手に発言する子もいる。それが一人ではなく何人もだ。その意見に耳を貸す子はいない。たとえ土堂小学校とはいえ、やはり一年生ではこんなものだろうか。

ぼくはがっかりした。

そのときふと、机に目がいった。ぼくの視線は釘づけになった。ぶ厚い辞書が、それぞれの机にのっている。彼らが手にしているのは教科書ではなく国語辞書だった。近くの席の子が起立した。それから、持ちあげるのが精いっぱいというようなぶ厚い辞書を手にとると、一項目を読みあげ始めた。

席を立った子は遊んでいたのではない。答えを見いだせない子に教えているのだ。

ほどなくして先生がいった。

「はい、ではみんなで読んでみましょう」

カマボコ、サカナノスリミ……。

「では、つぎもおなじカ行。いいですか？　一月一日のこと。年の初めです。なんでしょう？」

すばやく一人の子が答えた。

「ガンジツ」

「そうです。でも、もう一つ別の言い方がありますね。それを辞書で引いてみましょう。ハイ、始め」

ふたたび子供たちがいっせいにページをめくり始める。彼らが探すのは「がんたん」

という言葉だ。

自分が小学校一年生のころはどうだっただろう。二学期でひらがなが読めるようになっていただろうか？　たとえ読めたとしても、辞書を引くことなどできなかったにちがいない。授業で国語辞典を引いたという記憶は高学年になってもない。ぼくはここで展開されている光景が信じられなかった。とんでもない英才教育である。

けれど陰山校長はこれもたんなる基礎教育だという。辞書を引いて、言葉をかみ砕いて意味として覚えていくことができる。辞書を引く訓練は一年生の二学期くらいからがいちばんいい、と平然といい放った。

「子供はやらせればどんどん伸びるんです。やらせないからできないんです」

さらにこのクラスでは、二五ます計算もやってみせてくれた。百ます計算を簡略化した一年生版である。シートを配るあいだ、さすがに一年生らしくガヤガヤとうるさい。ところが「ハイ、ヨーイ、始め」と合図がかかったとたん、教室はシーンと静まりかえった。その変化は不気味なほどだ。スタートして二五秒で一人手をあげた。それからつぎつぎに計算をおえていった。

なぜ学力は低下したのか

　校長室にもどると、陰山校長はこちらが質問をはさむまえに一気に語り始めた。テーブルの上には六年生一学期で習う算数の問題が三例ならべておかれている。分数計算だ。それは、ほぼ一〇年間でどれくらい学習内容が低くなっていったかを示していた。ひと目でその惨状を理解できた。かけ算、わり算がなくなり、カッコが消えた。いまではこれらは二学期で教えるようになった。が、それでは復習の時間もなく、頭にきっちり入れるまえに卒業となってしまう。こうした基礎的計算力を習熟しないいま卒業して、中学校の数学で最初からつまずいてしまうのだ、という。

「ゆとり教育が進んで、小学校の学力レベルが下がり、中学校に入ったとたんに授業についていけず、不登校や校内暴力がおこるんです」

　陰山校長によれば、現代の「ゆとり教育」が学力低下を生み、それがさらに不登校や校内暴力を誘発しているという。

　では、どうすればいいのか、そもそも陰山メソッドとはなにか？

「現実に目のまえに読み書き計算ができない子がいる。これをどうしたらできるようにするかという単純な話なんです。百ます計算も辞書引きも音読暗唱もすべてそのためのパーツです」

けれど、陰山メソッドの基本にある反復学習では創造性は育たないという声もある。

「現場を知らない人たちの主張です」と彼は切り捨てた。

個性、創造性というキーワードが多用されるなかで、教育現場では基礎学力にたいする軽視が進んだ。しかし、基礎的な技能は反復によってしかつかないというのは、教育にかぎらずどんな分野でも常識だ。いまの子供たちはその反復学習をもっともにがてとしている。そこで陰山校長は試行錯誤をくり返し「やってはいけない」といわれている方法にも、あえて取り組んだ。

「たとえば一年間に覚えなければならない漢字を前倒しで五月の連休まえまでに全部やる。覚えさせてから教科書に取り組む。このほうが合理的で成績もあがる」

まえの赴任地である山口小学校で成功したさまざまな方法を、ここでは校長として全校的に徹底的にやろうというのだ。

「まず半年で一定の成果をだします」

学力テストで全国平均を基準に、その成果を公に示すのだという。自信がなければ口にできない言葉だ。

「けっきょく子供たちの『できるようになりたい』『やればできる』という気持ちを

どう引きだすかということです。そのためにあらゆるアイデアを練る。子供たちへの自己暗示も使います」

陰山メソッドの根幹には、勉強へのモチベーションを子供たちのなかに植えつけるということがある。一見すると詰め込み的であり、子供には負担の大きな授業にみえる。けれど子供たちがその「詰め込み」を嬉々としてやっているのもまた事実なのだ。

いま学力低下は大学までふくめて急速に進行している。あらゆるデータがそれを証明している。なぜか？　ぼくはその根本には児童、生徒、学生の教育へのモチベーションが著しく減少したからだと思う。

明治から始まった近代教育は、たとえ農民の子であっても、士族出身の子より出世できるという可能性をひらいた。そのとき教育は立身出世の武器になりえた。さらに学問と知識は人生の豊かさの一側面であるという教養主義もあった。けれど戦後、テレビと情報の時代をむかえて、まずその教養主義が壊れた。さらにバブル崩壊で学歴至上主義もほころびをみせている。こんな社会の空気感を子供たちは敏感に感じとっている。つまり子供たちを引き留めるにたる教育の魅力というのが、いまは薄れているのだ。

陰山メソッドは失われたそのモチベーションを、目にみえるわかりやすい目標にかえて子供たちに提示する。それがタイムであり暗記である。けれどそんなわかりやすさは、小学校の低学年というまだ「青い」感性を持った存在には通用するが、思春期以降のやっかいな存在には簡単には通用しないだろう。いやもしかすると、陰山校長にはすでにその方法論がみつかっているのかもしれない。

土堂小の「実験」は一つの光である。少なくともそう感じている父母、教育関係者は多い。けれど主役はやはり子供たちだ。土堂小に学ぶ彼らは将来、この時代をどう総括するだろう。あの辞書引きをしていた一年生たちは、いったいどんな大人になるのだろうか。

第七章　小説創作

子の心をのぞく教育――広島県・尾道市立「土堂小学校」

また来なければならない

まさか二度も訪れることになろうとは思ってもいなかった。けれどまた来なければならないと思わせるだけの理由が、ここにはあった。

尾道市立土堂小学校はいま全国でもいちばん注目を浴びている小学校である。ぼくが初めてその先進的といわれている授業を見学したのは二〇〇三年一〇月三日のことだった。わずか六歳の子供たちが国語の辞書を引いていた。あるいは静まりかえった教室で一心不乱に計算をする子供たちの集中力。それらを目にするだけで、ここが全国の小学校とはまったくちがう場所であることを、たちまち理解することができた。

そして最後に予想外のことがおきた。ぼくが国語の授業をすることになったのだ。

大人相手の講演はやってきたが、現代の子供たちにはたして言葉が通じるのか、それが不安だった。引き受けてはみたものの、始まるまえに後悔の念がおしよせた。

五年生と六年生、総勢で四〇人たらず。彼らはあっという間に机を片づけて、自分たちで椅子をならべ合同授業の空間をつくりあげた。五年生は隣の自分たちの教室から駆け足で椅子を運びこみ、六年生は机を教室の外にまとめた。私語はほとんどなかった。その手際のよさにまず驚かされた。それで教室の中身がガラリと変わっているのだ。教師の指示は「ハイ、合同でやるから椅子をならべて」だけだった。

いったいこの子供たちはどうなっているのか？

それは不可解といってもいい驚きだった。こんなことをいうと「それくらいあたりまえではないか」という声があがりそうだ。けれど、現在の小学生がどんなに子供っぽくて、行儀の悪い連中であるか、その実情を少しでも知る人なら、ぼくの驚きをすぐに理解するだろう。

いま学校では、まず席につかせること、それがとてもたいへんな作業になっている。ことに低学年だと、勝手に教室を出ていったり、すぐに私語を始めたりする光景があたりまえのようにみられる。いわゆる「小一プロブレム」といわれるものである。教師たちは教室をコントロールすることに精力をそそぎ、授業そのものになかなか入れないのだ。

それにもまして土堂小の子供たちがすごいのは挨拶だった。廊下ですれちがっても、かならず「こんにちは」と声をかけてくる。どうやら、この礼儀正しさ、躾のよさは学校教育の成果とばかりはいえないらしい。

「もともとこの地域には礼節を重んじるという空気があって、それが子供たちにも反映されている」

これは陰山英男校長の言葉だ。

「学校教育というのは地域と密接に結びついている。学校だけ努力しても限界があるんです」

尾道という土地柄を無視できないのだという。考えてみれば、その土地の持っている空気や文化性が、教室にまで反映されるのはあたりまえのことである。学校を語るとき、その町、その土地の持っている空気もまた問われなければならない。この躾のよさも地域性を抜きに考えられないのだ。

けれど保護者は、教育を学校だけの問題としてとらえがちだ。親はすべてを学校まかせにしてしまう。だから実際に、たいていの小学校は授業参観の出席率が悪い。かかわろうとするのは、わが子に問題が発生したときだけである。

「特別授業」で涙した女の子

そんなことを考えながら教壇の脇で出番を待っていると、担任がぼくを紹介した。「芥川賞という日本でも最高の……」と、ずいぶんの持ちあげようだ。それを権威づけの材料にして、緊張感ある授業にしようという腹づもりなのだろう。それが功を奏したのか、教壇に立ったとき子供たちが投げかけてくる視線は、こちらがたじろぐほど熱いものだった。まるでひとことも聞きもらすまいというような雰囲気が教室内に広がっている。

ぼくは自分の名前について話をした。智美という名はいつも女の子とまちがえられた。それがコンプレックスになっている、という話である。

「自分の名前が嫌いな人？」

その問いかけにおずおずと手をあげた女の子がいた。その五年生は「名前が外人みたいとかいわれる」というと、メソメソと泣き始めた。コンプレックスというテーマで、子供たちの興味を引きつけようとしたのだが、思わぬ展開にいささか困惑した。と同時に安心感も生まれた。まだやはり子供なのだ。

「コンプレックスがない人などいない。それがバネになって人間は生きていけるのだ。

もし文章を創作しようというのなら、コンプレックスこそがエネルギーになる」

そんな話でしめくくったあと、ぼくは彼らに作文の宿題をだすことにした。テーマは「学校での好きな場所、嫌いな場所」だ。それを「先生にも遠慮なく、どんどん書いてほしい」という注文をだした。

なぜ作文という宿題をだしたのか？　理由がある。この土堂小は読み書き計算という基礎学力の向上に徹底的に力を入れている。全国で七校しかない文部科学省認定の研究校でもある。そのため学力向上を目指し斬新な授業法を採用し実践している。

けれど現在行われているのはあくまで「基礎」といわれる分野である。学力というものが、最終的にはすべてのものごとの理解とそのための思考力をつけるということであるとすると、「読み書き計算」はその入り口にすぎない。その点、文章をつくるということはその基礎の応用であり、また学力の肝心要の部分でもある。それをぼくはみてみたかった。

さらに主語を「私、ぼく」ではなく、「彼女、彼」にすることも作文の条件につけくわえた。三人称にすることで、ふだんいいにくいこと、書きにくいことでも距離がとれて、少しでも本音がきけるかもしれないと思ったからだ。けれどそれは、一人称でしか書いたことがない子供にとって（大人にとっても）、たいへんむずかしい作法である。主体との距離のとり方に工夫がいるからだ。

しかし小学校教育にも、この三人称の作文を採り入れてもいいのではないかと、ぼくは思う。たんに文章づくりということだけではなく、自分をふり返る機会にもなるからだ。

六年生が書いたミニ小説

ぼくはこの宿題を後にメールでもらい、添削して返すつもりだった。が、送られてきた原稿を読んで心が変わった。もう一度いって、直接話をしたいという思いが沸々とわきあがってきたのだ。

それは六年生全員からの原稿だった。なかには八〇〇字を超える「力作」もある。

U・M（女子）の場合はこうだ。

「彼女はランチルームへ一番に駆け込み、全員そろうとこういった。『みんなエプロン、ふきん、もってきた？』クラブ長でもないのに、えらそうなこと言うものだ。でも、彼女はそれなりにがんばっていた……」

三人称を使いこなそうとしている努力の跡がみえる。ただし「彼女はいろいろな小物を作っているらしい」という伝聞のセンテンスなどが唐突に挿入されていて、それがだれからの情報なのか解決されないまま流されているところなどは、小学生らしい未熟さがある。もっともこれができるようになると、小説の創作といってもいいものになるのだが……。

けれどぼくが、一四編の作文で心を動かされたのはそうした国語力のことではなく、その内容にあった。

たとえばO・I（女子）は嫌いな場所として職員室をあげている。

「職員室では、先生がいつもの先生じゃない。あまり笑っていない……すごく怖かった」と書いている。ふだんの教室ではわからない大人の世界をかいま見たときの、思春期以前の子供にある不安をよくあらわしていると思える。

K・T（男子）は「体育館は広すぎて、少し頭がくるう……狭いところじゃないとおちつけない」という。一瞬、ハッとする言葉だ。「頭がくるう」などと書かれると心配にもなる。けれどこれは、ぼくにもよくわかる感覚だった。家庭という狭い世界から外にむかって羽ばたいていかなければならないという時期に、やはり自分もこんな思いにとらわれたことを思いだしたのだ。狭い場所、空間がホッとするという気分はよくわかるのだ。

H・Y（男子）が好きな場所は屋上だった。

「もともと一人が好きで静かなところが好きだからだ……屋上からみえる小さな家などの風景はとてもきれいです。こうした、時間は一日のなかでたったひとつの大切な時間なのだ」

屋上が好きだという子はもう一人いた。彼もまただれもいない静かな場所だから、そこが好きなのだという。

屋上のような場所で、一人きりになって風景を眺めているときが心地よいという。そんなひとときをことさら欲するのはほんらいは大人の感覚ではないか。あえて一人になりたいという願望を持ってしまうほど、彼らは忙しく疲れているのかもしれない。

ベネッセコーポレーションが一九九八年に行った調査によると、小学生が校内で「ホッとする場所」として図書館を一位にあげている。以下は屋上、飼育している動物のそば、と答えがつづく。最下位は教室だった。それほど子供たちは一人になれる静かな場所を欲しているのか。

土堂小六年生の作文でも、好きな場所として教室をあげた子は一人もいない。

「一人になりたい」というメッセージ

ぼくはH・Yが書いた屋上で一人でいるのが好きだという原稿を読んで、一つの事例を思いだした。

ある母親からきいた話だ。彼女は小学生の息子のために誕生会をひらいた。クラスメート、スイミングスクールの仲間など、一〇人ばかりを家に呼んだ。ケーキやご馳走を用意して始まった誕生会だったが、いっこうに盛りあがる気配がない。シーンと静まりかえっているのだ。気を利かして席を外していた彼女がリビングルームをのぞいてみると、みんな持ちよった電子ゲームにそれぞれ熱中している。男の子たちが集まって、さぞにぎやかだろうと想像していた彼女は、あまりの現実に落胆したという。いったいなにが悪いのだろうか？　電子ゲームだ、という答えももちろんあるだろう。が、はたしてそうだろうか？

いま子供たちは非常に忙しい日常をおくっている。朝、家を出ると学校へいく。それがおわると塾へむかう。日曜日ともなればピアノ教室、あるいはサッカークラブへ。さらにクラスや塾という枠をとりはらった、心が許せるほんとうの友だちもつくっていかなければならない。彼ら親友との「場」は、コンビニであったり、ゲームセンターであったり街そのものだったりする。

ぼくは彼らを回遊魚にみたてて考えてみる。子供たちはいっときでも立ち止まると、窒息してしまうがごとくつねに動きまわっている。

場所から場所へと移動するその姿は、なんとも痛ましいほど忙しい。けれどこれは、たんに「場所」を移動しているだけではない。それらの「場所」にはそれぞれの人間関係が用意されているのだ。クラスメートと担任教師との関係では、多くは「協調とまとまり」が求められる。塾では偏差値という物差しによる競争原理が人間関係の軸をつくっている。スポーツクラブではたとえばサッカーなら、それはチームプレーという軸かもしれない。あるいは水泳なら個人記録を伸ばす競争原理だろう。

最近では近所の子供たちと鬼ごっこをしたり、缶蹴りをしたりということがない。それで地域の児童館などで、こうした「遊び」の機会をつくらなければならないまでになっている。当然そこにも、また新たな人間関係と交際術が必要になってくる。

大人はおなじ年頃の子供たちなのだから、すぐに輪が生まれ、放っておいてもうまくいくだろうとタカをくくっている。が、そうではないのだ。彼らにも個性があり、好き嫌いがあり、本音と建て前もある。それぞれ質もメンバーもちがう人間関係を渡り歩きながら、そのときどきで自分をマッチさせることにたいへんなエネルギーと労力を使っているのだ。大人の世界よりもずっと多岐にわたる複雑な人間関係を構築している、あるいはさせられているともいえる。

ぼくはこのストレスがほとんど注目されないことがいまだ信じられない。学校、塾といえば成績と競争の圧力ばかりが問題にされる。子供たちがもっとも心を悩ましているのは、じつは成績よりも「お友だち関係」なのだ。スポーツクラブ、お稽古ごとは、子供がストレスを発散したり、個性を磨いたりする場としてみられている。じつはそこに人間関係の重圧があるかもしれないなどと、親はこれっぽっちも考えてはいないのだ。

これは大人である自分たちをふり返ってみれば、すぐにわかることだ。自己をとりまく人の輪と、その圧力、あるいはストレスがどれほど多大なものかを……。

この尾道というのどかで礼節というものが残る地域社会にあっても、もしかすると人間関係に疲れ、一人になりたいという、じつに「大人びた」願望を持つ子供が存在している。これがもし大都会の小学校だったらいったいどうだろうか。そう考えるだけで心おだやかではいられない。

さきに紹介した誕生会でなぜ子供たちはゲームに熱中し、隣の子供と言葉すら交わさなかったのだろうか？　それは彼らが新しい人間関係を構築しなければならない誕生会という場から、ゲームという仮想の場に逃げこんでいるだけのことかもしれない。そうして新たなストレスを回避しようとしているのではないか、とぼくは思う。

もう一本、興味深い作文があった。

「彼は図書室が好きだった。彼は転校生だった。ある日の放課後、夕日が差しこむなか、彼は暗い顔で校舎内をうろついていた。なぜかふらりと図書館に入っていった。一冊本を手にとりページを開こうとしたとき、名も知らない少年が現れて、こっちのほうがおもしろいよ、と言った。……その後彼は明るくなっていき友達もできた……」

のちにぼくはこの男子に授業で尋ねてみた。いったいその名も知らない少年とはだれなのか？

すると転校生だったということをのぞくと、あとは創作なのだという。彼の作文はすべて真実だろうと思いこんでいた。ぼくは彼の詐術にまんまと引っかけられたわけだ。

が、後日、意外な事実を知った。彼が転校してきた理由は、まえの学校でイジメを受けていて、その中心になんと担任がいたのだという。

転校してきた初日は校門のまえまでくると、その緊張からか嘔吐したという。それほど強い抑圧をまえの学校で受けていたのだ。こういうことがあるということは知っていた。事実、ぼくは小学校の担任に徹底的なイジメを受けた子供を知っている。彼の父親は外国人で、教師はそれが気にくわなかったらしい。

閉鎖的な学校では、外部からうかがい知れないこうした暗部をかかえているのかもしれない。

けれど救いもある。この男子が作文のなかで、自分の過去をこのように対象化して書けるようになったということだ。彼の心はもう回復しているということもできるだろう。

彼を救ったのは土堂小という新しい「場」だった。ぼくがふたたびそこを訪れたのは、ほぼ一ヵ月後にあたる一〇月三〇日のことだ。

なぜ勉強をするのか

やはり作文の授業をすることにした。今回のテーマは迷ったあげく「勉強」とした。「なぜ、勉強をするのか？」

じつに青臭い問いである。が、ぼくはあえてやってみようと思った。なぜならそれは「学校が自分の将来に役立つのか」という根本テーマとも通じるからだ。

提出された作文には国語、算数、社会、理科という四教科にかぎって、そのほとんどが嫌いだと書かれていた。まあ、ごくあたりまえの反応だろう。ことに社会科嫌いが多い。

筑波大学のある調査（中学三年生対象）では、自国の現代史について「もっと知りたい」という答えは五七パーセントだった。けれど韓国では八六パーセント、中国では九二パーセントにもなっている。小学生にかぎらず若い世代は社会への関心度が極端に低いのである。

おおむね子供たちは四教科を嫌っているのだが、彼らの興味を補っているのが体育、家庭科、音楽、理科の実験などだ。これらを総合してなんとか子供たちの興味を学校につなぎとめているというのが実情だろう。心許ない状況である。

「なぜ勉強するのか」という問いには「『自分のためかな。かしこくなるため？？ムズカシイね』と、困りながらも答えます」という記述があった。あるいは「受験のときに落ちる」「保育士になりたいから」「勉強しないと子供に勉強を教えられないから」……。

かろうじて答えを導きだしている、あるいは答えられないでいるというのが実情だ。けれど自分の小学生のころを考えてみれば、それも当然だという気がする。当時も明快な答えなどなかった。子供たちそのものはほとんど変化していない。ただ彼らをとりまく社会状況が大きく変化したのだ。

かつて子供の学校や勉強にたいする好き嫌いなど問われることはなかった。それは

「いくべきもの」であり、「やるべきこと」という絶対的存在だった。けれどいまはどうか？　懸命に勉学に励み卒業して社会へという「通常」のルート以外にも、人生の選択肢は存在する。たとえ嫌いでも、学業からおりてしまっても、受け皿はある。幻想かもしれないが、そうした空気は存在する。いま子供に将来の職業をきいたとき「タレント」という答えが少なからず返ってくるのがそのいい例だ。むしろ学校をスキップして社会で安定した生活を営めるならば、それにこしたことはないと考える者が、多数派かもしれない。

つまり学校で学びとる知識、教養そのものにたいする価値観は、かぎりなく低下してしまったのだ。それらは社会への切符を手に入れるための道具でしかない。ほかにもっと手軽な道具だってありそうだ。こうした雰囲気のなかで、子供たちを学校につなぎとめるのは至難の業である。

ぼくは土堂小の授業をおえて帰途につこうとした。いささか暗い気持ちを引きずっていた。

すると、一人の若手教師が声をかけてきた。いまから和太鼓の練習をするので、みていかないかというのだ。正直うんざりした。ぼくは和太鼓が嫌いだった。イベントなどで盛んにもてはやされ登場する、あのなんとも「きまりすぎた」パフォーマンスに馴染めなかった。

だがむげに断るわけにもいかず、仕方なく体育館へむかった。すでに大小の太鼓がならべられ、五年生、六年生が勢揃いしている。ほどなく曲が始まった。演目は『一宮』という。もう何年も土堂小の子供たちのあいだで受け継がれ、そのつど工夫が加えられたものだという。

大中小とそれぞれ音色がちがう太鼓が音の列に少しずつ加わっていく。しだいにそれらは一つに束ねられ波となってうねり始めた。テレビでみる和太鼓のパフォーマンスとちがって迫力がある。それはきっと子供たちの真剣なまなざしとの相乗効果でき く者を圧倒するのだろう。五年生の小柄な男の子が伸びあがるようにリズムを体全体でとりバチを振りおろす。みんな教室とはちがったいきいきとした表情をしている。

「情報社会」といわれて久しい。そのあいだに身体を媒介にする学習、技の伝承のようなことは、とかく軽んじられてきた。アイデア、情報力ばかりが先行する世の中だ。こうしたなかで、体全体で一つの作品をみんなでつくりだす和太鼓は、貴重な教育活動の一つにちがいない。

体育館をあとにして、ぼくは小学校の鼓笛隊を思いだした。あのチンタラした雰囲気、いやいやながらやっていた行進。あのとき和太鼓があったら、どんなに学校生活がちがったものになっただろう。

いま学校は基礎教育からこうした和太鼓のようなものまでふくめて、さまざまなメニューを用意して必死で子供たちを引き留めようとしている。全国のほかの学校にもきっとこのような現場はあるはずだ。

第八章　コミュニティスクール

総合的な学習の極地——京都府・京都市立「御所南小学校」

学校の評判が地価をあげる時代

これまでぼくは子供の教育とともに家づくりについても考えてきた。家づくりの動機は多くの人にとって子育てにある。いい家とは、子供がうまく育つ空間のことだった。

けれどここ数年、新しい傾向が生まれている。家づくりが「家」そのものからはなれて、その地域と環境を問題にしつつあるのだ。なかでも最大の関心事は「学校」である。学力低下、学級崩壊、イジメと、日々の報道によって親の不安は強まるばかりだ。家を手に入れる前提に、どんな学校がそばにあるかということが、まず問題となる。

京都御所の周辺には新しいマンションが増えている。通勤に便利で、暮らしを愉しむにはやはり街のなか、というわけで住宅の都心回帰は全国的な傾向だが、ここはそればかりが理由ではない。

「南小効果」。これは周辺にある不動産関係者のあいだでしばしばきかれる言葉だ。南小とは京都市立御所南小学校のことである。マンションを売りだすとき、御所南小が校区内にある、ということがいちばんのセールスポイントになる、というのだ。チラシ広告にはその名が大々的に躍る。大きなマンションの場合、エントランスの位置によって校区がちがってくる場合もある。御所南小の校区にするために、わざわざ立地の悪い狭苦しい場所にエントランスをつくったマンションもある、という耳を疑うような話もきいた。

いうまでもなく御所南小は有名私立校ではなく、無試験で入れる公立校である。にもかかわらず、ここに通わせたい、という親がひきもきらず、噂では事実上の越境入学も少なくないという。

ではいったい、なにがそれほど人気なのか？

ここにその「証拠」とでもいうべきものがある。二〇〇三年の総合学力調査（ベネッセコーポレーション）の結果である。それによると、同校は算数、国語とも他校とくらべてきわめて高い評価を得ているのだ。この調査は学力向上に積極的な学校が参加しているため、母集団のレベルは一般の公立小学校よりも高いといっていい。そのなかで算数は「基礎」が平均よりやや上程度であるものの、「応用・発展」では一・二倍、「表現・処理」でもほぼ同程度の結果が出ている。国語においてもこの傾向はつづく。基礎は平均よりやや上という程度なのだが、「小説文」「説明文」、そして「書く力」という項目では一・一倍になっている。

公立校は無試験で入ることができる。よって平均すれば学力の差はそれほどない、というのが常識である。それがなぜこれほどの「差」となってあらわれたのか？　教育熱心な家庭の子が集まりやすいということもあるだろう。それが学力を向上させ、さらに学校人気をあおる。けれど理由はそれだけだろうか？　ぼくはこの学校で行われている授業そのものについて知りたいと思った。

これぞ本物の総合的な学習

御所南小は一九九五年に開校した新しい小学校だ。といっても、郊外住宅地にあるような新設校ではない。

都心の児童減少を受けて、それまであった五校を統合して生まれ変わった、いわば統合校である。

その五校の歴史は古い。いずれも明治二年、全国にさきがけて創設された番組（学区）小学校だった。

「一区に一所の小学校を設け、区内の貧富貴賤を問わず、男女生まれて七、八歳より十三、四歳に至る者は、皆来たって教へを受くるを許す」（『京都學校記』福沢諭吉著）と古書にも紹介されている。

以来、一世紀以上ものあいだ、この五校は地域のシンボルとして存在してきたのだが、ドーナツ化現象で人口が激減。ついに統合となったのである。だが不思議なことに、御所南小は開校から少しずつ児童数が増えつづけているのだ。当初六六一人だった児童数は、〇四年一月の取材時点では七二三人にまでなっている。

同校入学のためにわざわざ引っ越してくる家庭が多いからだというのは、ある学校関係者の話である。冒頭に紹介した不動産業界の「南小効果」は、誇張でもなんでもなかったのである。

実際に、通ってくる児童の親は会社員、医者、法曹関係者が多く（京大病院、京都地裁が隣接）教育には熱心であるという。「御所南に通えば学力が伸びる」という噂が、さらに教育に関心の高い家庭を吸引し全体の学力が伸びていくという、雪だるま式の効果と恩恵を受けているということもできる。

御所南小がもともと伝統的に子供の教育に熱心な街にあり、そこに教育ママとその家族が集中していくという構図が頭に浮かんだとき、ぼくはこの取材を中止しようかとも思った。公立といえども、有名私立校とさして変わらないメカニズムを感じたからだ。

けれど、とどいたある資料に目をとめたとき、すぐにその気が変わった。

それは同校が全国的に注目されるようになったきっかけといえるものだった。御所南小は文科省の研究開発学校の指定をすでに五年もつづけ、〇二年からは小学校では全国で七校しかない「新しいタイプの学校運営の在り方に関する実践研究」校に指定されているのだ。けれどぼくが注目したのは、その事実ではない。そうではなく、この学校の基本テーマが「総合的な学習」にあるということに心を動かされたのだ。

総合的な学習といえば、ゆとり教育の象徴である。が最近、このゆとり教育は批判の的にもなっている。学力低下の元凶である、という意見も少なくない。事実、このゆとり教育で算数、国語、理科、社会といった四教科の学習時間数は減少し、それが学力低下の原因になっているという指摘はあとをたたない。

にもかかわらず、総合的な学習に全国でもっとも力を入れているといってもいい御所南小では、学力が低下するどころか向上しているのだ。その理由はどこにあるのか？

ぼくが目をとめたのは、応用力のずば抜けた高さだった。基礎はやり方によっては伸ばすことができる。けれど応用、ことに「書く力」などは一朝一夕にはいかない。総合的な学習とはまさにこうした応用力、自力の思考力を養うもののはずだ。ということは、つまり総合的な学習もゆとり教育も、やり方しだいということになるのではないか。

はたしてそうなのか？　ぼくはすぐさま京都へむかった。

玄関でスリッパに履きかえ、渡された見学者用の名札をつける。昨今の事件によって、どの小学校も防犯にはかつてなく気を使っている。ことに都会の学校はその傾向が強い。総合的な学習には地域との結びつきが欠かせない。防犯と学校を外にひらくという、この相反する二つの方向をどう両立させているのだろうか。ふと気になる。

校舎内に足を踏み入れたとたん、子供たちから「こんにちは」と声がかかる。都会の児童数が七〇〇人を超える学校では珍しい光景だ。実践研究校で、外部から訪問者が多いということがあるのかもしれない。

「これ読んでください」といった児童

　さっそく校長である村上美智子先生の案内で校内を見学することにした。

　それは五年生のあるクラスでのことだ。教室といってもオープン教室でドアのない開放型だ。授業が始まろうとしていた。子供たちはみんな席についている。と、一人の男の子が、あわてて教室の後方に設けられた棚に走りよった。彼はそこから冊子を取りだした。授業で使う資料だろうと思った。ところが彼は、見学者にすぎない見知らぬぼくに、それをスッと差しだしたのだ。

「これ読んでください」

　そういうと、彼はすぐに席についた。みると、コピー用紙を束ねたA４判八頁の「パンフレット」だった。鉛筆書きで「伝統工芸品」と表題がついている。ひらいてみて驚いたのは、なかにびっしりと小さな手書き文字がならんでいたことだ。内容は京友禅、西陣織、京扇子などのつくり方、その感想だった。大人であっても、これをつくるのは一日がかりではないか、というような文字量だった。イラストも入れて丁寧に書きこんである。とにかく読んでほしい、そんな意欲があらわれたパンフレットだった。

これこそ総合的な学習の成果なのだろう、とすぐに察しがついた。おそらく、実際に職人に話をきき、つくったものだろう。この一冊でここでの教育成果にたいするぼくの評価は、ほとんど決まりかけた。これほどのものをつくり、堂々と大人の見学者に差しだす、そういう子がいる学校は、もうみなくてもいいくらいだ。けれど、彼はどこの学校にもいる秀でた子の一人にすぎないにちがいない、とも思える。この子が御所南小の「平均」をあらわしているわけではないだろう。

が、それが誤りだった、とのちに思い知ることになる。

「二兎を追うのはむずかしいといいますが、ここではそれをやっています」

これは村上校長の言葉だ。

二兎とは学力における基礎と応用のことである。まず一〜三年生は、国語・算数の基礎をかためるために授業時間数を標準授業時数に週一時間、年三五時間プラスしている。さらに中・高学年においては教科担任をクラスの担任とは別において、学力の定着が悪い児童の指導、さらに全体のウィークポイントを把握してクラスの授業にいかすということをやっている。

「基礎と応用がともに伸びていくことで、初めて創造的な力がついていくという考え方です」

こうした斬新な方法論を実践できるのは、実践研究校というお墨付きがあるからだ。御所南小はその点で恵まれているということができる。

まず参観したのは、二年生の「命の始まりから、生まれるまで」という授業だった。いうまでもなく総合的な学習の一つである。主題は「命の大切さ」を学ぶことだ。

教師役は四人の助産師と、それにボランティアとして参加している女性だ。彼女は出産間近でお腹はまるくはち切れんばかりに膨らんでいる。まず子供たちは母体で大きくなっていく赤ちゃんを図形や模型で学ぶ。実際に赤ん坊のウェイトを持ったオーストラリア製の人形を抱いて、その重さを実感する。三キロの人形にみんな「重い！」と、はしゃいでいる。

なぜ本物の出産シーンをみせるのか

これで命の授業はおわらない。ではどうしたらその命＝赤ちゃんは誕生するのか、という根元的なところにまで、言及するのだ。

「どうやって赤ちゃんはできるのかなあ？」という問いに、一人の女の子が答えた。

「精子と卵子が合わさってできます」

二年生ながらすでに、絵本などでそんな知識は得ているのだ。早々と出てきた高度な正解をまえにして、ぼくは教師役の助産師が困惑するのではないか、と思った。けれどそんな危惧がいかに古くさいのか、思い知らされた。助産師は平然とつづけた。「おしっこの出るさきから精子が出ます」「ペニスがヴァギナのなかに入ります」「みんな好きな子と手をつなぎたいと思うよね……」

人形を使ったシーンでは「恥ずかしい」とわけもわからず耳をおさえる男の子がいた。が、大半は真剣な面持ちで助産師の言葉に耳を傾けている。実際の出産シーンもビデオでみせる。赤ん坊が誕生する場面では、みんな息を呑んで見入っていた。

圧巻はボランティアの女性が登場したときだった。お腹に聴診器のようなマイクをあてる。ドク、ドク、ドク、ドクという速い鼓動がスピーカーから流れだす。

「これが赤ちゃんの心臓の音、きこえる？」

子供たちの歓声がいちだんとボルテージをあげる。子供たちの質問の場面では感きわまったのか、当の女性は涙ぐんでしまった。こうしてあっという間に、休みなしの九〇分がおわった。

正直、ぼくは驚かされた。これほど掘り下げた授業が小学校で行われているとは、思ってもいなかったのだ。

いま家庭や住まいからは、命の誕生や死というものがなくなってしまった。それらは病院という別の場所で、家庭から排除される形で存在する。よって子供たちが生や死を通して、人間の「命」を意識する場面がほとんどなくなってしまった。昨今の若い子たちの残虐でゲーム的ともいえる殺人事件の背景の一つに、こうした人の「命」を実感できる場がなくなってしまった現代生活をあげる意見もある。

そんななかで「人の命は尊い」と、お題目をならべるだけの道徳教育は意味をなさない。また人の命、ぼくたちの生理に到達しない理科教育も、人間教育という点では役に立たない。この授業はあっさりとそれらをこえてしまったように、ぼくにはみえた。

御所南小では、以前にも「ウンチ」を通して、人間の生理や正しい食習慣を学ぶ授業を実施している。つねに「人間」に立ち返る姿勢は、これからの学校教育のヒントになるだろう。

あえてぼくは村上校長に質問した。

「赤ちゃんの誕生にしてもウンチにしても、これまでの学校教育の枠を大きく逸脱していませんか」

「命の大切さを学ぶというところでは一貫しています。そこが重要なんです」

ずば抜けて高い「書く力」

いま手元に四冊の冊子がある。この原稿を書くにあたって、参考として送ってもらったものだ。「一秒が一年をこわすホタルのすむ水辺」という共通の表題がついている。五年生の児童たちは地球環境をテーマにした授業を三回にわたって受けた。それを受けて一人一冊ずつまとめたのが、この冊子である。適当にピックアップしてもらったもので、ことに「優秀」なものを集めたものではないという。

二〇頁から三〇頁ほどの冊子には、環境の授業において出てきた言葉の意味、自分で調べたこと、感想や意見などがびっしりとならんでいる。一一歳の子にとって、それについやした時間とエネルギーはたいへんなものだったろうと想像する。中身は工夫されていて、感想の書き方、年表のつくり方、語彙、接続詞の使い方、議事録のとり方が身につくような、統一されたフォーマットができている。けれど書かれた内容は、児童によって千差万別である。

担任の教師からは丁寧にもこの一連の授業の解説が送られてきた。それによるとこういうことだ。まず地球環境を守る活動をするNPOの若者を教師（コミュニティ・ティーチャー）とする地球温暖化問題の授業（九〇分）を〇四年一月末から三回実施した。それを受けて国語では「地球防衛隊になろう」というテーマの会議を、社会では「私たちの生活と環境」という公害問題について学ぶ単元につなげた。この冊子は国語の授業の成果である。

ぼくはその国語と社会の授業を参観した。国語は会議方式で、数人が一グループになって調べたことを発表する、議事を進行する、質問するといったプレゼンテーションとヒアリングの「技術」を学習する。社会では現在の地球温暖化問題をさかのぼって、かつての公害問題を学ぶ単元にリンクさせていた。

ぼくたちが小学生時代だったころの授業とちがっていたのは、カラフルなまるでグラビア誌のような教科書と、パソコンにとりこんだ画像をスクリーンに映しだして利用する、そのハイテク化だった。それだけなら、さして驚くに値しない。ぼくが唖然としたのはノートである。子供たちは発言するクラスメートの意見や、教師の言葉を思いおもいに書き留める。のぞきこんでみると、インタビューのメモのような書きこみもある。

自分の記憶によれば、ノートといえば板書されたものをそっくり書き写すためのものにすぎなかった。たくさん書いたのは漢字の練習帳くらいだ。自分で考えて書くというのは作文のときだけで、四〇〇字詰めの用紙にあらたまって書いた。が、それもごくたまのことだった。それがこのクラスの児童たちは自分で消化した言葉を書き記す道具として使いこなしている。とにかく「よく書く」のだ。がむしゃらに書いている、という感じすらする。

ぼくは授業開始まえにプレゼントされた手書きのパンフレットのことを思いだした。低学年の教室をのぞいても、壁にはそうした手書きの貼り紙、色紙がいっぱいだった。もしかするとこの御所南小は、全国でもっとも「文」があふれた小学校なのかもしれない。学力調査で「書く力」がずば抜けて高い理由はここにあった。

総勢九〇名の援軍組織

御所南小における教育の底流には地域と結びついた「コミュニティスクール」という考え方がある。学校教育を孤立させないで、地域全体で支えていこうということだ。

コミュニティスクールを実践している学校は御所南小のほかにもいくつか存在する。幼稚園、学童保育の施設を併設し、さらに音楽室、図書室を地域開放している福岡市の博多小学校のような例もある。

このコミュニティスクールの元祖はイギリスである。そこでは地域の施設を学校内に設けて、交流をはかるということがあたりまえのようにやられている。なかにはパブがある学校も存在するという。

〇四年二月、ロンドンから御所南小にある見学者がやってきた。イブライン・ロウ小学校のゲーリー・フォスケット校長だ。この学校は「トピック学習・プロジェクト学習（テーマを設定して体験的活動から実践的な力を身につけるための学習）」に最初に取り組んだ学校として有名で、その実績は四〇年にもわたる。いわば総合的な学習の先達である。

ひととおり学校見学をおえたフォスケット校長は、御所南小の取り組みを絶賛した。そのプロジェクトの内容と、カリキュラムの豊富さ、子供たちの能動的な学びのスタイルに、舌を巻いたという。

たしかにメニューは豊富である。町の職人や町家を訪ねる、プロサッカー選手、小説家を呼ぶ、デイケアセンター、インターナショナルスクールに出向く、手話を学ぶ、天体観測をする、京刺繍をつくる、プロから家庭料理を学ぶ、田植えで米作り、パソコンを使ったソフトの制作……など、とてもすべて紹介しきれない。

しかもそれらはただ目新しいというだけでもなければ、総合的な学習という枠に閉じられているのでもない。一般の授業と連携することを念頭におかれている。地球環境の授業が社会、国語にリンクしたように。

こうした教育方法をただちに全国の学校で実施すれば、学校はもっと愉しい場所になるし、学力も向上するだろう。けれどそれがそう簡単ではないのだ。

……金曜日の午後七時。御所南小の大教室におおぜいの大人たちが集結した。総勢九〇人ほどだろうか。やがて一二のグループに分かれ、話し合いが始まった。異様な熱気である。それぞれのテーブルには「表現」「コンピュータ」「国際」「町づくり」といったプレートがかかげられている。彼らこそこの学校の総合的な学習を支えるマンパワーだった。

御所南コミュニティと呼ばれるこの人々は、それぞれのコミュニティ独自の活動に加えて総合的な学習の企画や手配も行う。いくら教師が企画しても、それを実行するには手助けがなければとうてい不可能だ。たとえば町の職人を訪ね、仕事ぶりをみせてもらい、少し体験もさせたい。この場合は、どこにどんな職人がいるのかを把握し、話をつける人が必要となる。これは教師ではむりだ。そんなとき彼らが動いて、授業の手配をする。子供たちにとっては黒子的な存在だが、このコミュニティが総合的な学習を支える役目を果たしているのだ。

学校の運営を地域がサポートする。あたりまえのようだが、じつはこれが非常にむずかしい。ぼくはこれまでの取材経験から、ふつうの学校でこんな組織をつくりあげるのはむずかしいだろうと推測する。まず意欲的なPTAの役員一人をみつけることすらままならないという学校が少なくない。授業参観にくる親もほんの一部で、父母の学校見学を自由にしても、やってくる者などいない、というのが現実なのだ。学校にはなるべくかかわりたくない、すべて教師まかせというのが実態である。学校を「ひらいて」も、地域が尻ごみするのだ。

「まず知り合いをみつけて引き込む。そして芋蔓式に増やしていったのです。コミュニティ・ティーチャーになってくれる人たちも、やがて子供に教えるのが楽しみだという人が出てきた」（村上校長）

ぼくはコミュニティの会議を傍聴していたとき、一つ気になる光景を目撃した。グループには一人、教師がオブザーバー的に参加している。学校とコミュニティとの直接の橋渡し役だろう。議論が盛りあがり終盤をむかえた八時すぎ、当初より非常に疲れた表情をみせていた一人の若い先生が、あくびをかみ殺したのだ。積極的に議論に参加する立場ではないのだから、あくびが出ても不思議ではないし、ぼくはそれを責めようというつもりは毛頭ない。ただそれより、この学校の校長、教師たちが仕事についやしている膨大なエネルギーと時間に思いいたり、感動したのだ。ぼくはその「あくび」に感動したのである。

コミュニティは夜九時に終了する。教師たちはその前後の準備と、まとめで休む間もない。たとえば地球環境の授業においては、教師役のNPO活動家と事前の話し合いをなんども持ち、さらに事後は反省会をひらいて、長時間の議論を重ねている。また新しい授業を考案すれば、そのつど新しい教材も用意しなければならない。

総合的な学習といった、ルーティンではない授業を行おうとすれば、やるべきことは雪だるま式に増えていく。

クラスという聖域を壊す！

さらにこの学校では、通常の授業でも他の教師が参観し、その進め方を議論するということさえやっている。学校という職場では担任制は聖域である。他の教師の授業を批判することなどタブーだ。ここではそれがない。御所南小では教室のドアがなくなったとともに、クラスというみえない壁もなくなったのだ。自分の力量が日常的に問われる教師にとっては、きつい現実だろう。

そんな厳しさが要求される教師像をもっとも現実化したのが教員公募だった。京都市では教員公募は珍しくない（小中高一二校がすでに導入ずみ）。ただ御所南小ではその採用面接をコミュニティの代表六人も参加してやったのだ。これに校長、教師の代表も加わり総勢八人。質問は村上校長も「厳しいなあ」というほど、具体的で妥協を許さないものだった。

「読書の指導はどんなふうにやるか?」「イジメがおこったときは具体的にどう対処するか?」「熱意が空まわりしたらどうするか?」という質問が遠慮なく飛びかった。答える教師の首からは汗が噴きだし、ハンカチがぐっしょりと濡れていたという。

けっきょく、いま日本の教育改革で最大のハードルは教師たちの意識改革ではないかと、ぼくは思う。現在の学校教育には新しい方法が必要になっている。けれどそれを実現する過程で、もっとも大きな変化をこうむるのは「仕事」としての教師のあり方である。「新しさ」を受け入れるということは、それだけ時間とエネルギーを必要とする。それが嫌なら、これまで通りのやり方を維持するしかない。

ぼくはこれまでいくつかの教育現場を取材してきたが、しばしば耳にするのが保守主義という壁である。斬新な試みはたいてい大きな抵抗にあうか無視される。それはつきつめると、新しい余計な「仕事」を背負いこみたくないという姿勢にほかならない。公立学校の教育現場もじつは役所とおなじで、冷めた事なかれ主義が蔓延しているのだ。

この原稿を書きおえようとしたとき、あるニュースが飛びこんできた。東京都足立区立五反野小学校の校長が着任わずか一年で退任したのだ。事実上のクビである。この学校もまた御所南小とおなじく地域密着型の実践研究を行っている。ただ御所南小とちがうのが、学校の理事会には地域代表、父母のほか教育委員会も加わり、きわめて強い権限を持っているところだ。教育内容にもどしどし意見を述べ、むしろ学校は「理事会の決定」にしたがうという立場であるようだ。実際、読み書き強化を要望する地域と、生徒の意欲を重視する教師サイドの意見が対立していたという。

五反野小の経緯は新聞報道でしかわからない。けれどこれは、学校を地域にひらくということがまた別のリスクを発生させる可能性があるということを示している。学校運営の力が地域、父母、教師と分散すると、内部での意思統一に時間がかかり、五反野小のように混乱ばかりがさきに立つという事態が出てくるのだ。けれど子供たちは、そのあいだ成長を止めて、事態が収拾されるのを待つということはできない。彼らにとって一年は貴重である。その責任の所在は、学校運営にかかわったすべての大人、沈黙し責任を逃れた親たちみんなにあることはまちがいない。

その点、御所南小は地域と学校が一体となって、応用力をつけるという、もっともむずかしい部分を成功させた例である。が、それを全国化させるには、さまざまなハードルが待ち受けているだろう。

第三部　言葉を選ぶ——母語を捨てる

第九章　バイリンガル教育

恵まれた最高の小学校——福岡県・太宰府市「リンデンホール小学校」

朝はグッドモーニング！　でスタート

リンデンホール小学校に着いたのは二〇〇四年の晩秋、朝の八時だった。モダンなガラス張りの校舎に足を踏み入れると、屋内は木の香りがほのかに漂っていた。硬質な外観とはちがって、内装にはふんだんに木材が使われている。

一年生の教室には、まだひと気がなかった。ガラス壁のむこうには芝を敷きつめた校庭が朝日を受けて広がっている。反対に目を転じると、黒板の上の壁に「Today is a great day to learn something new」と大きく書かれた標語が、目に飛びこんできた。

案内の人から声がかかった。そろそろ児童が登校してくるのだという。一台、高級車が校門をくぐり、噴水の脇で止まった。なかから制服姿の女の子がおりてきた。運転席の母親に手をふると、彼女はぼくにも「グッドモーニング！」と、声をかけてきた。とっさのことに言葉を返せない。その子は玄関で出迎えた職員と、ハイタッチで挨拶する。

それからつぎつぎに児童がやってくる。そのたびに「グッドモーニング」の声が飛びかう。やがて一台の真っ赤なマイクロバスがやってきた。ボディに描かれたリンデンホール小学校という白抜きの文字が目にまぶしい。五、六人の子供たちが勢いよく飛びだしてくる。

全員がブレザーの制服にランドセルを背負っている。ダークブラウンのランドセルはヨーロッパ風の横長タイプだ。「あれは特注品です」と、案内の人が教えてくれた。リンデンホールという菩提樹を意味するカタカナの学校名、噴水のあるアプローチ、芝にかこまれた明るい校舎、真っ赤なスクールバス、おしゃれな制服と鞄……。ファンタジーの世界に迷いこんだような錯覚を、ぼくは覚えた。

「駅や高速のインターから、計三台で送迎しています」

そういうのは管理部長の中村廣也さんだ。なるほどと納得した。ここは福岡市からはなれた郊外都市である太宰府の、しかもはずれに位置している。

「電車で通学する子にも、駅まで職員がむかえにいきます」

その言葉をきいて、ぼくは驚いた。西鉄福岡駅で集合した子供を、職員が毎日引率し電車に乗る。最寄りの二日市駅でおりると、そこにはスクールバスが出迎えている。マイカー、電車と通学方法はちがっても、登校中は親か学校関係者にずっと見守られていて、子供が一人になることはない。東京の地下鉄などでは、私立小学校に通う幼い児童が、ラッシュにもまれ乗りこんでいる姿を目にする。この学校ではセキュリティに配慮し、そうした通学は認めていない。

わずか六歳の寄宿生

遠方の子は併設されているドミトリー（寮）に入ることになる。事実、熊本出身の児童が一人入寮中だという。六歳の寄宿生！　である。欧米の私立校でも珍しいらしい希有の試みといっていい。そのドミトリーから、背中がランドセルですっぽり隠れるくらい小さな女の子が出てきたとき、ぼくは自分が五歳のときに一週間入院して、とても心細い思いがしたことを思いだした。彼女も週に一回帰宅するとはいえ、よほど気丈な子なのだろう。きっと強い自立心を持った人間に育つにちがいない。引きこもりが社会問題になっているが、こうした親ばなれの方法もありうるのだ、と感心した。

ただしこの日は、ほかに男児と女児が一泊の体験入寮中だった。こうして慣れさせることを通して、ドミトリーから通う児童たちが増えていくのだろうか？

なかを案内してくれたのは外国人の紳士。舎監である。

一階には暖炉と大きなリビングルーム、食堂がある。天井の高い完璧な洋風建築だ。二階が児童の部屋になっている。ドミトリーでも英会話だから、ここに入ると、学校と寮で二四時間英語づけということになる。

また午後六時までのアフタースクールもある。そこではネイティブの留学生などのサポートで、宿題を片づけたり、英会話の勉強をしたりする。

すべてが恵まれすぎているのではないか、とさえ思えるほどの環境だった。けれどこれくらいで驚くのは、まだ早かったのだ……。

この学校はイマージョン教育を基本としている。イマージョンとは「侵入・没入」という意味があり、全身を水に浸して行う洗礼もこの言葉を使う。つまり外国語＝英語に「つけこむ」ような環境で言葉を習得させる方法である。

これはたとえば、日本人の子女が現地校に入るのとはちがう。その場合は一人だけが外国語のなかに放りこまれる。これはサブマージョンである。インターナショナルスクールに日本語オンリーの日本人子女が入学するケースが、これにあたる。

それにたいしてイマージョンとは、外国語のなかにクラス全員が「つけこまれる」のだ。全員というのがミソで、少なくとも言葉で一人孤立することはない。けれどそのぶんだけ、教える側もそれなりの工夫が必要になる。そもそもフランス語と英語が公用語であるカナダで始まった教育システムだ。二カ国語を使いわけなければならないという「特殊」な状況で生まれた方式である。

リンデンホール小学校が開校したのは〇四年四月。一年生一学級（二六人）のみのスタートだった。計画ではこの学年が六年生になるときに、全学年がそろうことになる。その後、中学校、高校と新設して、一二年後には小中高一貫でイマージョン教育を行う学校が誕生するという。母体となっているのは都築総合学園グループ。このグループは、リンデンホール小学校をふくめて、幼稚園、中学校、高校、短大、大学、専門学校など五六校を全国的に展開している。

その日、最初の授業が始まったのは午前九時だった。ぼくは校庭を散歩していて、うっかり気づくのが遅れた。というのもこの学校にはチャイムがないからだ。きっとカラーン、カラーンとおしゃれな鐘の音でも鳴るものとばかり思っていたら、とんだ勘ちがいだった。チャイムがないのには、それなりの理由がある。

カリキュラムの組み方がちがうのだ。たとえばこの日、一時間目がEnglishで六〇分、二時間目がMath（算数）で四五分、三時間目がP.E.（体育）で三〇分、四時間目が国語で五五分、それから一時間のランチタイムをはさみ、五時間目がMusicで三〇分、六時間目がIT（コンピュータ）で四〇分あり、二時五五分におわる。その間、たとえば一時間目と二時間目の休みはなく、二時間目と三時間目に一五分の休み、三時間目と四時間目は五分と短い休み。このように単元ごとに時間も休み時間もまちまちで、チャイムを鳴らせないのである。授業内容、児童の興味の持続時間などを考慮して、効率的な構成になっているのだ。

二六人を教師二人で担当する贅沢

こんなバラバラなやり方で、計画立てて授業ができるのか？

「こまかく神経を使って組んでいます。一年生で文科省指導要領時数の七八二時間より二〇〇時間強多いカリキュラムになっている。たんに英語を使えるようにするというだけでなく、学習内容そのものにも自信を持っています」と中村さん。

ぼくは授業時間も休み時間も均等にわりふられたカリキュラムで、小学校から高校まで学んできた。けれどたとえば、理科の実験などでは時間が足りなかったり、給食まえの授業にあきてきたころの、どうにも長すぎる四時間目というのがあったことを思いだした。画一的に時間をわりふるのは不合理、という考えには賛成である。たしかに工場の生産現場のような感覚でみれば、画一的カリキュラムのほうが便利なのだろうが、現代っ子にとっては、その枠に学習意欲を合わせていくのは、ひどく苦痛なのかもしれない。明治時代にほぼ現在の形になった画一的な時間割を、いまだ全国数万の学校で踏襲しているのは、なんとも時代遅れではある。

ふり返ってみれば、学校という空間自体もまた画一的だと思う。一般に学校というと、一直線に伸びた廊下を北側に配置し、南側に長方形のおなじ面積の教室がならぶという形がオーソドックスだ。「片廊下一文字型」といって、これも明治期に誕生し、いまだほとんどの学校はこの空間配置を守っている。これまた時代遅れだ。

リンデンホール小学校は全体の建物を上から鳥瞰すると、ちょうど菩提樹の葉の形になるようにつくられている。二階建ての中央部は吹き抜けになっていて、全校児童がその中央部で出会うような仕組みである。教室も楕円に吹き抜けをかこむような具合に配置されている。

一時間目の先生はニュージーランド人で、むこうで教員資格を持ち、経験もあるという人だった。たしかに手慣れた子供たちのあつかい方をみていると、それが実感できる。授業内容は一年生らしく、曜日や時間の言い方というごく基礎的な英語だが、日本語がまったく入らないので、ふつうの子供たちなら、ちんぷんかんぷんだろう。けれどここの子たちは、そのほとんどが質問を理解している。

それでも最初は、先生のいうことがまったくわからず、これでだいじょうぶかと、まわりも心配になったほどだったという。けれど三カ月もすると、いつの間にか全員が先生のいうことを、ほとんど理解するようになっていた。

「子供の持っている吸収力には、感嘆するばかりです」と、日本人スタッフは感心することしきりだった。

英語の授業では、このクラスの担任でもある永松直美（国語担当）さんが、サポート役として机のあいだをまわっている。この永松さんもじつはアメリカのバージニア州で小学校教諭の経験がある。いわばイマージョン教育のベテランである。二六人の児童をつねに二人の教師で担当する。三〇人から四〇人をたった一人の教師が担当する日本の普通校では、考えられない贅沢さだ。

よく工夫されているな、と感心したのが算数の時間だった。子供たちは全員教室を出て、吹き抜けのロビーに集合。壁にむかって腰をおろす。目のまえには色とりどりの紙テープが何本も床と水平に貼りつけられている。それぞれのテープには児童の名前が記されている。あらかじめ子供たちが、思いおもいに机の幅、教科書の長さ、自分の腕、教室の窓、ドアの幅などに合わせて切りとった紙テープだった。先生は児童を指名し、それをどこからとったのか説明させながら、「longer」「shorter」「length」「height」「width」といった長さの概念を、遊び感覚で覚えさせていく。こういう授業は日本ではない。いまの子供たちはこれくらいの工夫がないと、興味を示さないのかもしれない。

さらに驚くことがあった。教科書である。それぞれの学科に二冊ずつ用意されている。一つは文科省認定の日本語の教科書、そしてもう一冊はそれをそっくり英訳したものである。この学校では一般の教科書を独自に翻訳しているのだ。〇五年の春にはようやく英訳の算数教科書が教科書出版社から一般むけに発売される。その点、リンデンホール小学校は一歩さきをいっているということになる。

三時間目の体育の授業もまた興味深いものだった。体育館の舞台にあがった子供たちが、創作のヒップホップダンスに興じているのだ。小学校の音楽というと、文部省唱歌だけという時代に育ったぼくの目には新鮮でうらやましいかぎりだ。

給食は専用の厨房設備があるカフェテリアルームだ。オープンキッチンのレストランとしてそのまま開店できそうな、清潔で快適な空間である。この学校では教室で給食をとる、ということはない。これもまた欧米式である。

けれど、ぼくがびっくりしたのは、その空間の美しさではない。食べおわった子がそれぞれ自分のコップをだしてきて、歯磨きの指導を受けているのだ。つまりここでは歯磨きまでが「教育」のなかに入っているのである。

ついでにそのほかの施設について紹介すると、たとえばトイレはすべて洋式である。和式のトイレではできない子が多い昨今だが、たいていの学校ではまだ洋式トイレは少ない。図書室には二五〇〇冊の本が用意されている。その半分近くは高価な洋書である。体育館にはシャワールームが備えつけられている。体育のあとにシャワー。そういう時代になったのだろうか。

休み時間はほとんどの子が校庭に出る。なにしろここにはターザンロープ、吊り橋などが備わった自然林のフィールドアスレチックが用意されているのだ。さらにグラスキーのコーナーというのもある。子供たちが外で遊ぶさいは、かならず職員がつきそう。これもまたセキュリティ対策である。一万七〇〇〇平米という敷地全体が高さ三メートルのフェンスでかこまれていて、部外者が立ち入るのはむずかしい。

建物をガラス張りにして、建物のまわりに大きな木立をつくらないというのも安全対策だという。子供を被害者とする犯罪報道が頻発するいま、親にとってはこれほど安心できることはないのかもしれない。

校内で田植え、稲刈りができる

校庭の一角にはビオトープがある。簡単にいうと自然のままの池だ。メダカやゲンゴロウが生息するようなかつての水辺を再現しているのだ。これは全国のほかの学校でも採用されているので、特筆するほどのことではない。

けれどそのむこうに畑と田んぼがあったのにはさすがに驚いた。畑ではピーマン、トマト、きゅうり、さつま芋などの野菜を栽培し、教育の一環としてその世話をさせることもあるという。田んぼは稲刈りがすんでいた。これも子供たちが植えて刈りとったものだ。小学校で田植えを経験させるということはたまに耳にする。けれど学校内に田んぼがあるというのはきいたことがない。ここでは田植えをして稲を刈る。秋に五〇キロの収穫があったという。それを水車小屋（これも校庭内にある）で脱穀して、最後は握り飯にして食べるのだ。この「授業」はそれでおわりではなく、収穫で出た藁を焼いた藁ばいを釉薬に使い、それで児童が茶碗をつくる。もちろんそのための専用の工房も設置されていて、プロの作家が指導にくるという。そうしてできた茶碗を使って、こんどは工房の隣にある茶室で茶道の勉強をする。さらに田植えと刈りとりの体験を、創作ダンスにして発表するのである。そこまでやるのか、というほど念が入っている。

「本校の教育の基本は日本と日本の美を学ぶことです。だから日本の良さを体現できる施設をつくりました。イマージョン教育そのものが目的ではない」

というのは都築仁子校長だ。

「ただ国際化時代には日本の美を認識するだけではダメです。いま日本人が外国にむかって自己主張できないのは、おもに語学力の不足からです。そんな状況を変えるために、この学校の使命があるんです。平均値で発言しない、個性づくりを目指しています」

この学校に通わせるためには、初年度の入学金等が六〇万円と、年間の授業料等が約一二〇万円必要になる。私立の小学校のなかでもトップクラスの費用がかかる。それでも児童一人あたりに学校がかけている「コスト」は、「大幅赤字」だという。学校の建設費だけで五〇億円かかったそうだ。

「六学年三〇〇人そろって、初めて人件費がまかなえるか、という感じです。この学校は採算度外視、グループのシンボル的存在に育ててあげたい」

だが会社員がわが子をただちに通わせられる金額ではないことも、またたしかである。

都築校長も開校前は心配した。

「福岡からはなれたこんな場所に生徒が集まるのか不安だった」という。

けれど蓋を開けてみると、七〇人もの応募があり、そのうち二六人が入学した。保護者には九州大学の教授などインテリ層も多い。英語の論文で苦労して、語学教育の重要性を自ら痛感しているのではないか、と校長は推測する。

中途半端な英語教育は無駄

「日本の教育に欠けているものは、考える力の養成です」

そのたとえとして、校長は算数の面積をだす問題をあげた。たとえば四m×一〇m＝四〇㎡場合、四〇メートルのロープを用意する。そして一辺が一〇メートルの正方形をつくらせて面積を一〇〇平方メートルとださせる。いろいろな形をつくらせて、答えがさまざまであることを理解させ、どんな形が一番広いかを競わせたりする。これが理想的な「考える」教育だ。

最近、OECDの学力調査で日本の一五歳の生徒の数学リテラシー（応用力）が一位から六位に、読解力は八位から一四位に落ちたということが話題になった。それをゆとり教育、総合的な学習の失敗とする声が大きい。

けれど中嶋博早稲田大学名誉教授の説によると、今回の学力調査は「問題解決、批判的思考、コミュニケーション能力、忍耐、自信といった教科を横断した能力」を重視するという、大きな方向転換を行った結果が、強く影響しているのだという。つまり従来の詰め込み式の、いわば四m×一〇m＝四〇㎡に固執する、通り一遍の教育が「破綻」したということでもある。たんに従来型の教育にもどし授業時間数を増やせばいいということではない。

都築校長のいう「考える力」とは、そういうことをさしているのだろう。「そのうえで、日本人のプライドを持ち、英語を使える国際舞台で活躍できる人材を育てたいのです」

日本でイマージョン教育を本格的に実践しているところは、まだほんの数えるほどしかない。わが子をバイリンガルへ、という親の要望をかなえられる学校は少ない。

いま小学校でも英語を教えようという機運が盛りあがっている。文科省は「『英語が使える日本人』の育成のための戦略構想」というのを発表している。この構想には、総合的な学習として英会話をやっている学校において、授業の三分の一程度は外国人教員、英語に堪能な者、中学校の英語教員による指導が行えるようにする、というプランが盛りこまれている。けれど部分的に英語の授業をやるくらいで、「使える英語力」

が身につくわけではないことは、専門家のあいだではもはや常識となっている。週に一、二回程度では効果は少ない。中学、高校で週四、五時間やってきた結果をみれば、それが小学校で少しやったところで、なんら変わらないということはあきらかだ。

だからだろうか。教育特区のなかには、小学校でより本格的な英語教育をやると宣言しているところが、現在でもすでに四〇を超えている。完璧なイマージョン教育ではないとしても、レベルの高い英語教育への機運は高まってきている。

けれど問題なのはスタッフである。イマージョン教育者には、専門的能力が求められる。現在の日本にはその専門家はとても数少ない。つまり形だけスタートさせて、成果があがらないまま、無駄な時間を使うということにもなりかねないのが実情なのである。中途半端なやり方では、貴重な子供の時間を浪費するばかりか、日本語も英語もダメな子をたくさん生みだす、という結果にもなりかねない。

適切な語学環境をどう一般化できるかが、いま問われている。

第一〇章　インターナショナル校

日本のなかの外国

——東京・池袋「ニューインターナショナルスクール」（幼稚園〜中学）

一気呵成に英語で話す娘

奇妙な光景をみた。神奈川県郊外の大型ショッピングセンターでの出来事だった。若い夫婦だろう。彼らは幼稚園に通う年頃の女の子を連れていた。三人はお菓子のコーナーでショッピングカートを止めて、チョコレートを選んでいた。その脇をすり抜けようとしたとき、ぼくは母親の発したひとことに驚いた。

「フイッチ・ドゥー・ユー・ワント、エミ?」

二、三歩進んだあとふり返った。あきらかに日本人の家族である。発音もネイティブにはほど遠い、カタカナ英語だ。

「ディス・ワン」と女の子がそのなかから一つを選んだ。すぐさま母親が真剣な表情で「プリーズ！」とつけくわえた。

「ディス・ワン・プリーズ」

女の子はそういうとカートのなかに商品を放りこんだ。父親は口をはさまなかった。ただ所在なげに様子を眺めているだけだった。

ぼくはみてはいけないものを目撃したような、一種の恥ずかしさを覚えながらも、はなれたところから彼らをしばらく観察していた。ショッピングをしながら英会話の練習をしているとしか思えなかった。レジにいくまで、彼らの口から日本語がきかれることはなかった。

海外赴任が決まって家族ぐるみで特訓しているのだろうか？　だったらなぜ父親はその特訓にまったく加わらなかったのか……。

それから一年ほどたって、じつはあれが一部で実践されている英語オンリーの子育て＝「英語育児」だと知った。赤ん坊のころから「英語づけ」にするため、親は子供のまえで日本語を使わず、テレビも二カ国語の副音声で、ヒマがあれば英語版の教育ビデオをみせる。そんな家庭がちらほら出てきているのだ、という。目的は海外赴任という切羽詰まったものではなく「バイリンガルの大人に育てあげたい」という漠然としたものがほとんどらしい。

テレビで英語教室のCMを目にするのは毎度のことだ。教育雑誌には幼児むけ英語教材の広告があふれている。なかには一〇〇万円近くするものもある。小学校でも英語を授業に採り入れる流れが加速している。巷では、早期の英語教育こそが、子育てにとっての最大のテーマとなっているといってもいいすぎではない。

「国際化」という言葉をきいて久しい。けれど、それが幼児の英語教育と結びついたのはつい最近のことだ。この英語熱はたんに「一過性のブーム」だろうか？　学校教育そのものが英語へシフトする最近の傾向をみると、ブームというには、それはあまりに急で激しいものがある。

ショッピングセンターでみかけたあの母親なら、きっと膝を打つような話をつい最近（二〇〇四年の秋）、耳にした。

語ってくれたのは、池袋にある「ニューインターナショナルスクール」に、小学五年生にあたる女の子を通わせている母親だった。

「車でむかえにいくと、乗りこんできたとたん、まるで詰め込んだ英語を吐きだすように、学校での出来事を一気に語り始めることがあります。それが一五分ほどもつづく。あまりに早口なので私には理解できない部分もあって、相槌を打つのが精いっぱい。やがて娘は、ハッと我に返ったように日本語にもどるんです」

彼女は元スチュワーデスである。娘をまず杉並区にある別のIS（＝インターナショナルスクール）に入れ、それからこのニューインターナショナルスクールが開校したのをきっかけに、転校してきたのだという。父親は日本人で元プロ野球選手。現在はコーチをしている。娘もそのまま育てば、もちろんふつうの日本語しかできない小五児童になっただろう。けれどISに入れたおかげで、流暢な英語を話す子になった。

「この学校には高校がないので、海外の寄宿舎のある学校か、ほかのインターナショナルスクールに移すことを考えています」

彼女はわが子の将来を楽しみにしている。

学校教育法第一条という壁

いまバイリンガル教育の頂点に立つのが、「国内留学」とも称されるこれらISである。ここにわが子を入学させることが、一部の親たちにとっては最大の目標となっている。

けれどISといっても、公立校のようにその内容は一律ではない。それにそもそもISは一条校ではないのだ。一般の小・中・高校等は学校教育法第一条で範囲を定められているが、ISはその枠外になっている。だから日本国籍の小・中学生にあたる子が、ＩＳに通うことは義務教育の放棄とみなされる。幼稚園をふくめると全国に一五〇校近くあるというＩＳだが、現実には教育制度の枠外の存在なのである。だからそこに通わせることはほんらいできない相談なのだ。校区の学校や教育委員会があえて目をつぶっているというのが実情である。

もともとＩＳは通称、アメリカンスクールといわれたように、在日の外国人子女のための学校だった。いまでもアメリカ系以外に、イギリス、カナダ、ドイツ、中国とさまざまなＩＳがある。中国は中国語、ドイツはドイツ語が中心となる。ＩＳといえども、すべてが英語中心ではない。

最近になって文科省は全国のＩＳのなかで一六校だけを選んで、大学入学資格を認めた。少しずつだが日本の教育制度もＩＳに門戸をひらきつつある。といっても、わが子をそこに入れるのにはやはり勇気がいる。もし途中で挫折したら、その受け皿はあるのか？　英語も日本語も中途半端な人間になりはしないか？　心配はつきない。

にもかかわらず、なぜ親たちはあえてその「冒険」を冒すのか。

教師一人に生徒一〇人

池袋のニューインターナショナルスクールは、ＪＲ池袋駅から徒歩一〇分ほどのところにある。幼稚園から中学校まで一三五人の子供たちが通っている。

校門はない。だから注意していないと、気づかずに通りすぎてしまうかもしれないほどだ。玄関は普通のマンションにあるようなオートロック式のドアで、インターホンを通じて名前を告げ、なかから開けてもらう方式だ。建物に入ると、右手にガラス張りの応接室、左手に受付台がある。学校というよりオフィスの趣がある。四棟のビルに合計一三の教室がある。子供たちは教室や建物を移動しながら授業を受ける。

学校の授業というとぼくなどは、大きな黒板を背にして先生が一段高い教壇から、碁盤の目のようにきちんとならんだ席の生徒にむかって話をする光景しか目に浮かばない。けれどこの学校では、そんなシーンはほとんどみられない。ことに低学年になるほど授業風景はさまざまに変化する。教室は広く、三～四人ごとにグループを形成し、それを単位として学習が進む。先生は二人、多いときは三人、四人というときもある。教師一人あたりが受けもつのは、最大で一〇人程度。日本の学校が一人で三〇～四〇人の生徒を受けもつのとは、まるで雰囲気がちがう。教師と生徒との密着度が高く、一人ひとりに目が行き届く。日本の教育現場からみればうらやましいかぎりだ。ことに教師からみると羨望の環境だろう。

けれどこの環境は「国際水準」からみればいたってふつうなのである。一教師が一〇人程度の生徒を担当するのは、ほかの「先進国」ではあたりまえとなっている。この点からみれば、日本だけが大人数方式の「遅れた」一律教育をつづけているということになる。現地校で学んだ海外帰国子女の親などは、日本の教室をみてあいかわらずの大人数に唖然とするという。

さらに特異な点は、ここでは子供たちの席が決められていないことだった。それぞれが思いおもいの席について課題をこなしている。たとえば小学校中学年にあたるクラスでは、大きなテーブルの好きなところに陣取って授業を受けていた。

それは授業というより創作の風景に近い。内容は本の装丁づくりだった。それぞれが日本語の装丁と、英語の装丁の二種類を自作する。この一見風変わりな授業を通して文字を覚え、デザイン感覚も養おうという目的で行われていた。さらに本への親しみも養える。

概して授業方法は日本の学校にはないものが多い。たとえば音楽はバイオリンの習得がおもなテーマだ。ここでは全員が人まえで弾いて恥ずかしくないくらいの腕前を身につけて卒業する。普通校の音楽教育がさまざまな楽器を少しずつやり、音楽の知識も幅広くつけさせるのと正反対のやり方だ。普通校では授業で習っただけで身につく楽器などない。ここでは身についたバイオリンを糸口に、音楽への教養を自律的に深めていくという方法をとっている。いわば一点追求方式である。

この一点追求方式は体育でも用いられている。種目はテコンドーだ。韓国人の教師がやってきて教える。生徒たちは嬉々として取り組んでいる。なかには見事な技を披露する子もいた。

広いグラウンドがない、教材がかぎられているといったなかでの苦肉の策、といえなくもない。けれど、生涯つづけられるような技やテクニックを習得して卒業するほうが、大人の教養という面ではずっと有効かもしれない。

またここではマルチエイジ教育をとっている。二〜三歳ちがいの子供たちがおなじカリキュラムで学ぶのである。

「英語の上達には、まず日本語です」

ぼくがもっとも感心したのは、普通校の家庭科にあたる授業だった。

――まず料理のレシピを考える。それを家庭でつくってきて持ちよる。パーティー形式でテイスティングして、その評価を文章にする。これは作文である。その後、ホームレス支援のボランティアグループをまねいて講演してもらう。こんどはつくった料理を実際にホームレスに食べてもらうという授業だ。家庭を巻きこみ、社会へと伸びていく一連の流れがうまく組まれている。親子のコミュニケーション、家庭科、語学、社会科がふくまれた、総合的な学習としても質の高い授業になっている。

そのほかにも巣鴨のせんべい店を訪れて見学する、老人ホームを訪問する、近隣の公園にいく、など屋外での活動を授業に組みこむことも多い。インターナショナルスクールにもかかわらず日本社会との接点を持とうという意識が強い。このように普通校よりもその授業は変化に富み、工夫がなされているといえる。

それを実現するためには、教師たちの事前のプロデュース能力が必要となる。授業を学外に広げるほど、準備、打ち合わせに手間がかかるし企画力も問われる。普通校の総合的な学習がさして成果をあげていないのは、これに割くだけの人的エネルギーがないからだ。

それだけではない。家庭のエネルギーも倍かかることになる。親もそれなりに「参加」しなければならない仕組みとなっているのだ。ニューインターナショナルスクールでは「料理をつくる」だけでなく、家庭を巻きこんでの調べものを宿題にだす、といったことが頻繁に行われている。これは、ほかのISでもおなじである。

「年に二回の家族面談のほかに、毎月のように発表会のようなイベントがあって、いつも顔をだします。日本のスクールにくらべると学校にいく回数が圧倒的に多い」と、ある親はいう。

ここでは学校に預けっぱなしというわけにはいかないのである。親と学校の結びつきが強いのは学園長面談というシステムをみてもわかる。

ニューインターナショナルスクールでは、学園長との面談がアポイントさえあれば気軽にできる。どのクラスでも生徒には日本人と外国人の最低二人からなる特定の担任がつくものの、子供の相談事は学園長と直接行い、進路や授業の相談、わが子の成長ぶりをヒアリングすることもできる。多くの普通校では校長と親が会うのは、子が問題をおこしたときぐらいしかない。

「私に会いたければいつでもOKです。すべての子供に責任を持ってあたります」

というのは学園長のスティーブン・R・パール先生だ。

彼は流暢な日本語でこうつづけた。

「ほとんどのISは日本語は週に一時間程度。なかには休み時間も日本語禁止という学校もあります。けれどここでは日本語教育を重視している。海外帰国子女のなかには日本語が遅れていて社会に適応できない例もあります。母国語の基礎、文法力ができて初めて英語も上達します。だから日本語もきちんと教えなければならない」

授業では日本語と英語が併用されている。普通の教室も音楽室も美術の教室も壁には英語と日本語の文字がならんでいる。教師の発する言葉は基本的に英語だが、別の教師が日本語で話しかける場面もあった。中学校の数学の授業では、早口の英語についていけない生徒が声をあげると、教師が日本語で言い直すシーンも目にした。

この学校の語学教育のアドバイザーである中島和子名古屋外国語大学教授は『バイリンガル教育の方法』のなかで、「2つのことばをおなじレベルで維持するのも非常に難しい。とかくバイリンガルというと、理想的な2言語話者を想像しがちであるが、実際には不完全なバイリンガルがたくさんいるし、むしろ不完全なのがノーマルだとも言えるのである」と書いている。

であれば、まず母国語を完全にして、さらに第二の言語を習得するというのが理にかなっているということになる。

保護者もこの日本語重視という方針に共感した人が多い。ある親はこういった。

「家ではインターネット、ゲームを禁止しているし、テレビもみる番組を決めている。家にいる時間は、なるべく正しい日本語を覚えてほしいからです。おかしな言い方をすると、その場で訂正するように心がけています。英語は家でやらなくても自然にうまくなっていますからね」

ニューインターナショナルスクールが開校したのは二〇〇一年の九月だ。日本人が両親の家庭に育ち入学した子は、英語教育に接してから、まだ三年しかたっていない計算になる。それにくらべて、両親のどちらかがネイティブであったり、ほかのＩＳから転校してきた子とは英語の理解力に差が出てくる。それを補う意味でも日本語と英語での授業は有効といえそうだ。

両親の内訳は、ともに日本人というのは約四割、片方が外国人といういわゆる国際結婚は約三割、そのほかが夫婦とも外国人である。大半が両親ともに外国人というほかのＩＳとは、いささか趣が異なる。だからこそ日本語を英語とともに教育の柱に据えることができたのだろう。

親にとっては言葉以外の学力も気になる。ある母親はためしに、日本の同学年生がやっている算数のテストを、娘にやらせてみたという。すると合格点をとった。やや日本語は遅れているけれど、それでも漢字は二学年下程度。いずれとりもどせるだろう、と踏んでいる。いまのところ、娘のバイリンガル教育は順調であると判断している。

塾とセットで受験も万全という作戦

けれどなかには、もっと大胆な発想でわが子を通わせている親もいる。開業医の父親はこの学校を選んだ理由をこう説明した。

「どうせふつうの学校に通わせても、それだけでは学力は伸びない。だったらバイリンガルの授業を受けさせて英語力をつけさせたほうが得。学力は町の塾に通ってつけさせています」

あらかじめ学習塾とセットでバイリンガル教育を選択しているのである。

彼の場合、わが子を年に一回海外のサマースクールにもいかせている。子供もさぞ忙しいと思うが、それ以上に教育費もたいへんなものになる。

この学校の場合、学費は初年度で一九〇万円（内訳は入学金二〇万円、授業料一七〇万円）。公立学校にくらべると非常に高い。けれどじつはここはＩＳのなかでも学費が安いということでも有名なのだという。ほかのＩＳのなかには、この倍はかかる学校もある。

とはいってもこの額は有名私立校よりも高い。一般の会社員ではＩＳに通わせることは不可能だろう。ＩＳはかぎられた層だけが享受できる〝バイリンガル教育〟といえる。

けれどもなぜ、そこまでわが子に「投資」する必要があるのか。夫婦ともに日本人という保護者たちに会って話をきいた。

共通するのは日本の学校教育にたいする不信と失望である。

「ハワイで暮らしたときアメリカ人とよく議論になった。いつも日本人は自分の意見がいえなかった。というより意見を持っていないということがわかって愕然とした。これは語学以前の環境や教育の問題ですね。だから子供には自分の意見を持った大人になってもらいたい。できれば将来は伸びのびと海外で暮らせるようにしたいんです」

「学級崩壊という言葉を耳にするし、日本の普通校に通っても、人生の選択肢はかぎられている。国際化時代では世界のどこで生きていくか、自分で選択できる力がなければダメでしょ」

彼らの日本の学校教育にたいする期待値はゼロに近い。とてもそこへわが子を預ける気にはならない、ということのようだ。それはたんにバイリンガル教育を受けさせたいという願望だけではない、もっと根本の、この国の教育にたいする評価が背景に潜んでいる。小学校でも英語を週に一～二時間教えるようにするなどという付け焼き刃の対症療法では、彼らのような親たちを説得することはできない。

ぼくはこの取材で、一年まえに目にした英語育児の母親への印象が変わった。

彼女もまたたんにバイリンガル願望だけでカタカナ英語を発していたのではないのではないか。それは既存の教育にたいする形にならない不安に突き動かされた行為だったのではないか。もし可能ならわが子をＩＳへと考える親はけっして少なくない。もちろんＩＳ出身者は宇多田ヒカルのような「成功例」だけではない。途中で挫折して、中途半端な語学力しかなく、日本でも海外でも力を発揮できないという例もある。現在のバイリンガル「ブーム」、一〇年後にはどう評価されるだろうか。

第一一章　中国語

隣国の経済成長をにらむ親たち

――神奈川県・横浜市「横浜山手中華学校」（幼稚園～中学）

ものものしい警備態勢

横浜・山手地区は外人墓地や洋館が建ちならぶ観光地として有名である。休日ともなれば、そのハイカラな佇まいを求めてたくさんの行楽客が訪れる。そののどかな地区の一角に、二〇〇五年四月から警察の警備車両が待機するようになった。それによって付近の空気が一変した。

七月の土曜の朝、ぼくはその現場である横浜山手中華学校を訪問した。タクシーで校門に到着すると、すかさず警官が近より、窓ごしに鋭い視線を投げかけてくる。このものものしい警備態勢がとられるきっかけになったのは、四月に上海でおこった日本領事館へのデモ騒動だった。

それまではごく平穏に授業を行っていた学校が、一気に緊張感につつまれた。脅迫電話がかかってくる。脅迫状もとどいた。平和国家に存在する民族系インターナショナルスクールにすぎなかったこの学校が、国際関係の荒波に放りこまれることになった。日中の国家的問題とは本質的に無関係であり、そして弱者である子供へのこうした行為は、日本人としての品位を汚すものだ。

　ぼくは学校取材をつづけてもう五年ほどになる。この横浜山手中華学校にかぎらず、全国のほとんどの学校が、地域から年々閉ざされていく。子供を標的にした犯罪報道がつづくたびに、取材の塀も高くなる。同時に、学校や保護者の子供たちにたいするプライバシーの意識も強くなり、写真撮影にもひどく苦労するようになった。いま日本は教育の中身を巡って新しい試みや模索がつづいている。けれど学校訪問をするたびに、近年進行しているこの閉鎖性もまた、大きな問題であるということをつくづく思い知る。

　ものものしい警備陣を目にして、ぼくは暗い気持ちで門をくぐった。けれどなかへ一歩足を踏み入れると、そこは夏休みまえ特有のわきたつような空気に満ちていた。ここは幼稚園から中学校までの一貫教育である。さまざまな年代の子供たちが登校してくる。そこに潘民生校長の声がかかる。子供たちの元気で伸びやかな声が返ってくる。日本語、そして中国語と、挨拶は二つの言葉が混じり合う。

そもそもぼくがこの学校を見学したいと思ったのは、児童生徒のなかに両親とも日本人という子が少なくない、ときいたからだ。中国語を主体としたインターナショナルスクール、という感覚で通っているらしい。なぜ中国語なのか？　彼らがいったいどんな授業を受けているのか、みてみたかったのだ。

六年生が先生役で教える

さっそく小学校一年生のクラスをのぞいてみた。普通校の教室よりずっと狭い。通常の半分くらいしかないように感じられる。その窮屈な空間に、ざっと三〇人を超える児童が席につく。

ぼくは机にぶつからないように苦労しながら教室の奥に入った。時間割をみるとまだ一時間目が始まるまえだった。けれどそこに漂う雰囲気はすでに授業そのものだ。ただし教壇に立っているのは三人の児童である。六年生だった。こうして毎日、交代で自習の指導をしているのだという。黒板には一桁の足し算の問題が書きだされている。中国語だった。入学してまだ四ヵ月たらず。新一年生たちはにぎやかで、油断すると教室は耳をおさえたくなるほどうるさくなる。それをそつなくさばいていく六年生の先生ぶりが、じつに堂に入っている。

たった一五分の自習時間だったが、ぼくにはとても新鮮に感じられた。

日本では通常、幼稚園から高校まで学年別に仕切られた教育を受ける。上級生と下級生が交わるのは部活動など、ほんの一部にすぎない。かつての日本は、下校すると、いろんな年齢の子供たちがいっしょに行動する「群れ遊び」をした。

一方、いまの子供は同年代のかぎられた関係に閉じこめられている。子供時代に、コミュニケーション・スキルの幅を広げる機会は少ない。一年生が上級生に教えてもらうということは、教師による通常の授業にはない意味がある。また教壇に立つ上級生のほうも、教えるということのむずかしさを知り、多様なコミュニケーションを体得していくいい機会になる。

なんと簡単で、それでいて実りの多い方法なのだろう。思わず納得してしまった。

「ふるいにかける」「競争させる」

この学校で嫌でも目に入ってくるのは貼り紙である。廊下、教室の壁という壁に無数の貼り紙がしてあるのだ。

たとえば運動会を巡る児童の作文と、その親の感想文がずらりと貼りだされている。

親の文章を貼りだすということなど、ふつうの学校では抵抗があってまずできないだろう。そもそもそんな発想じたいありえない。つらつら読んでいくと、まだそれほど日本語に馴染んでいないと思われる、ちょっとたどたどしい感想文もある。そこにぼくは、家族ぐるみで学校を盛り立てていこうという熱気を感じた。きくところによると、授業参観日、家長大会といわれるＰＴＡには、遠方からも多くの親が顔をだすという。

けれどぼくがいちばん注目したのは別の貼り紙だった。なんと教室の後ろの壁に、児童のテスト結果が、そのまま点数として貼りだされているのだ。小学校でこんな光景は、いまほとんどないはずである。「競争」を覆いかくす傾向が強まり、こんなあからさまなことは小学校ではまずやらない。

潘校長は児童生徒を「ふるいにかける」「競争させる」ということを否定していない、という。その言葉をきいてまた驚いた。相対評価から絶対評価へと移行する以前の学校の姿がここには残っている。たしかに絶対評価には「ごまかし」の側面がかくされていることは否定できない。子供は自分がやがて「ふるいにかけられる」現実というのを大人以上に知っている。表面的にそれに目をつぶるのは、あきらかに「まやかし」であろう。ぼくは競争に勝ち抜いてともかく前進するという、あの中国のバイタリティあふれる姿と、この学校がダブってみえた。

先生が教壇に立つ正式な授業が始まった。算数だった。時計を使った時刻、温度計の温度、交通標識に書かれた数字などを例にして、数の概念を教える授業だった。机にひらかれた教科書は中国で使われているものだ。

けれど授業にはときどき日本語が顔をだす。日本語のほうが得意という子が多いらしい。この学校には中国国籍の子と、帰化した日本国籍の子、それに両親ともに日本人という子が席をならべている。中国国籍の子供でも、日本に暮らしているのだから自然と中国語より日本語に馴染んでいく。

「中国からやってきた子でも放っておくとすぐに中国語を忘れてしまう。だから私は家庭ではなるべく方言でもいいから中国語を使うように勧めているんです」

潘校長は黄色いバナナのたとえで教育方針を説明する。東洋人の顔をしているが中身は白人という日本人を揶揄するあのたとえだ。表面的には中国人だが、中身が日本人という子にならないようにする。それが大きなテーマだという。

ここには国語という授業はない。あるのは「中文」「日文」、そして中学から「英文」が加わる。中文は北京を基本とした中国標準語だ。中国は地方ごとに言葉が異なり、上海と北京、香港では言葉が通じないといわれる。けれどテレビの普及や政府の教育政策で、中国標準語が全土的に広まっている。またその中文だけでなく、日文にも相当な力をそそいでいる。

「他のインターナショナルスクールの生徒の多くは短期滞在者です。でもここはちがう。日本に生まれ育ち、ここで生きていこうという子がほとんどです。だから中国語と日本語のバイリンガル教育が基本となります」

中国式のスパルタ教育

英語主体のインターナショナルスクールに通う日本人子女でも、英語を高い水準で維持するのは苦労するという。それとおなじ課題がこの学校にもあるらしい。潘校長はこの学校が日本に根ざした教育機関であり、中国語というこの国にとっての「外国語」を教えることのたいへんさを強調する。たとえば漢字一つとっても、日本の文字とは画数のちがい、つくりのちがいなど微妙に異なっている。そのわずかな差を頭に入れていなくては、日文も中文も書けないということになる。

それだけに授業時間はふつうの小学校よりも二〇パーセント、中学校では三〇パーセントほども多くとっている。たまたま見学した中学三年のクラスでは公民の授業で、教科書は日本のものだった。ここでは日本の普通校とおなじ教科に加えて、さらに中国語や中国の歴史なども勉強する。だから土曜日登校はどうしても必要となる。ぼくが訪問したこの日も土曜日だった。

「なぜ土曜日を休みにする必要があるんですか?」

潘校長は逆に問い返してきた。

いつのころからか、カレンダーには土、日、月曜日の三連休がならぶようになった。そしてハッピーマンデーという言葉が一般化した。けれど学校現場ではこのハッピーマンデーに不評の声が高い。火曜日の午前中は、児童生徒の休みボケで授業にならないというのだ。こんなゆるい教育と対極にこの学校は存在している。ぼくはスパルタ教育というなつかしい言葉を思いだした。

首都圏でも数少ない中華学校だから、遠方からわざわざ通ってくる子も少なくない。なかには片道だけで二時間かかるという子もいる。そんな子供にとっては通学だけでもたいへんだ。校舎や施設も恵まれているとはいいがたい。教室とおなじように校庭も狭い。運動会やその練習などは隣の学校の校庭を借りて行うという。

けれど校内には、ふつうの学校にありがちな倦怠感、疲労感は微塵もない。口をひらくと「疲れた」「肩が凝る」という子もいない。不思議である。スパルタともいえる厳しいカリキュラムをこなし、長い通学時間をかけ、そしてお世辞にもりっぱとはいえない建物で、にもかかわらず児童生徒が嬉々として勉学に励んでいる様子は、驚きに値する。

　そういうと、潘校長は教員の質のよさを強調した。全員、中国あるいは日本の、どちらかで教員免許を取得している。たしかに、みんなじつにテキパキと手慣れた授業をやっていた。

「全国模試などでは平均より少し上をとっています。中学校では英語検定で準二級、中国語検定では二級をとる子もいる」

　印象的だったのは中学にあたるクラスを訪れたときのことだ。狭い教室に入るのをためらっていると、生徒がわざわざなかから扉を開けて、ぼくらを招き入れてくれた。入ると「どうぞ」といって、机をずらして隙間をつくる。いろいろな学校を訪問したが、生徒にこんな気遣いをされたのは初めてだ。すれた感じがまるでない。

　この日、学校では一つのイベントが催された。上海から使節団がやってきたのだ。総勢三〇人ばかり。下は小学校の三、四年生くらいだろう。上は中学生までの子供たちと先生がやってきた。彼らは上海の新聞学校の生徒たちだ。新聞学校というのはサブスクールのようなもので、地域の子供たちがほんらいの学校がおわったあとに活動する場所らしい。彼らはそのマメ記者、特派員である。

横浜山手中華学校の先生たちに質問を行ったあと、交流会が講堂で催された。上海からきた少女の表情豊かな司会で、楽器演奏などが披露されたあと、こんどはお返しに横浜山手中華学校の子供たちによる中国舞踊の獅子舞が演じられた。こんなイベントがあるのはさすが中華学校ならではである。

学力を無視した不合理な差別

こんな多彩で盛りだくさんの教育を展開している同校だが、じつは深い悩みをかかえている。

その一つが進学問題である。この学校はいわゆる「一条校」ではない（一般の小・中・高校等は学校教育法第一条で範囲を定められている）。文科省が認めた正規の教育機関ではないのである。最近になって、一部のインターナショナルスクール卒業生にも大学受験資格が与えられた。けれどこの学校は、そうした潮流からもとり残されている。

「学校そのものに長い歴史があり、日本社会に根をおろした華僑とその子女が学ぶ教育機関なのに、文科省は認めてくれない。教育内容も他の小中学校と遜色なく行われているのに、不合理です」

各種学校のあつかいのため、高校進学の門戸はかぎられてくる。正規の義務教育を受けていないとみなされるからだ。けれど実際のところは、中学卒業程度の学力は有すると認められ、卒業生の六割以上は公立高校へ進学、〇五年の春には開成、慶応、慶応女子、慶応・志木、早稲田・本庄など名門私立高校への進学者も輩出した。だが、その一方、たとえば国立では東京学芸大付属高校以外は認められておらず、東京都立高校を受験する場合も、日本国籍の子女は受験できず、その反対に中国籍の子女は受験できるという「ねじれ」現象がおこっている。

にもかかわらず、日本人子女の入学希望者は増えているという。けれど残念ながらそれに対応できる状況にはない。この学校は卒業生の子女、華僑の子女、そして華僑と日本人のハーフと、優先順位が決まっている。だからまったくの日本人が、これから入学するというのは現在では不可能に近い。

「ほんとうは全学年ともあと二クラスずつ増やしたい。それくらい応募があります。けれどいまの力では無理です」

学校法人としての税の優遇措置がなく、行政からの補助金も私学よりずっと少ないことに、潘校長は憤りをかくさない。

「学校保険にも加入できないんです。日本人とおなじ税金を払っているのにおかしい」

年間予算二億五〇〇〇万円のうち、神奈川県からの補助金は一六〇〇万円程度。保護者からの納付金、寄付金、学校の事業などで大半をまかなっている。

先日、東京都がフランス人学校に、過去滞納した五年分約一億円の税金を払うように通知したという報道があった。開校した一九七六年から、事実上の免税措置がとられていたという。「学校法人化に真剣に取り組んでいない」として課税に踏み切ったというのだが、都知事の「フランス語は国際語として失格」という発言にたいして、フランス語学校の校長らが提訴したという一連の流れが、その背景にあるという噂もある。

けれどフランス人学校は三〇年近く免税されて、なぜ中華学校はそうでないのかという不公平感はやはりぬぐえない。管轄が東京都、神奈川県というちがいはあっても、白人中心のインターナショナルスクールが優遇されている、という批判も理解できる。

「全国に中華学校は五校。定員は合計でも二〇〇〇人足らずです。私は二万人以上の定員が必要だと思っています」（潘校長）

この学校の幼稚園から中学校までの生徒数は約四〇〇名。もしそれぞれ二クラス増やしたとしても、まだ入学希望者全部を受け入れることはとうていできない。

これからは英語より中国語

放課後、わが子をむかえにきた保護者に話をきいた。小学校六年生の娘を通わせるある母親は、夫婦ともに日本人である。最初は娘を東京・四谷にある中華学校に入れた。中国語関係の出版社に勤めていたので、中国に親近感があった。当時その学校は、通常より一年早く入学が可能だった。その異例のシステムを利用し、娘はほんらい五年生の年齢で卒業。中学に入るまで、一年あまってしまった。そこでこの学校でふたたび六年生をやらせることにしたのだという。

「四谷の中華学校では大半の子が学習塾にも通っていました。とにかく教育熱心な家庭が多かった」

中華学校に通いながら、日本での進学を考えて学習塾に通う。これは一般的な傾向らしい。

「とにかくこの学校はみんなものすごく勉強している。一生懸命なんです。なぜ日本はこんないい学校を学校として認めないのでしょう。中国人とのハーフの子もたくさんいる。こういう人材を将来、社会で活躍させてこそ国際化ではないか」と、その母親の言葉はしだいに熱を帯びていった。

一方、こんな母親もいる。こちらも夫婦ともども日本人である。小学校五年生の男の子と幼稚園の女児をこの学校に通わせている。

「首相の靖国公式参拝、上海の騒動で日中関係の雲行きが急に怪しくなりましたね。風あたりが強くなっても、後悔していませんか?」

母親は一瞬、顔をくもらせこういった。

「もしいまからだったら、子供を入学させるのを躊躇するかもしれないですね」

彼女の場合、わが子を入学させた動機はドライだ。

「中国という異文化を体験させたかったのです。授業料(小学校で毎月二万円)は学習塾の月謝とそれほど変わらない。それで中国語もできるようになればいいと」

これからアジアでの国際語は、英語ではなく中国語になるという意見もある。たしかにその観測は、それほどまちがったものではないだろう。じつはこの取材で特別に同行してもらった編集部のKさんは中国語に堪能だ。取材中、授業内容を逐次通訳してもらった。取材のあいまに彼女はこうもらした。

「いま日本人で中国語ができるというのは、英語ができるというよりずっと有利ですね」

就職などでそれを実感してきたという。ただし彼女が中国語を身につけた場所は、日本の大学である。日本でみっちりやって、北京で三ヵ月学んだだけだという。これを逆に考えれば、やる気さえあれば大学でも中国語は身につくということができる。

先日、横浜山手中華学校に脅迫文を送りつけていた男が逮捕されたという記事を目にした。中国経済が発展しその存在感が増していく。とともに日本でも中国文化、中国語熱は高まる。けれど日中関係はこれからも平坦ではなさそうだ。そのはざまで中国文化と中国語を学ぼうとする日本人子女は、これからも悩ましい対応をつづけていかざるをえないのだろう。

こうした中華学校をどう受け入れるかが、日本社会の成熟度をはかる物差しになるのはまちがいない。

第一二章　国際基準の卒業試験

バカロレアという難関を目指して――静岡県・沼津市「加藤学園」(幼稚園〜高校)

東京から引っ越してまで通わせたい地方校

教育現場を取材していると、耳を疑うような話に遭遇することが多々ある。たいてい「こんな漢字も読めない高校生がいる」といった類の、あきれはてるようなことがほとんどだ。けれどこの話を初めて耳にしたとき、あまりにできすぎていて、つくり話、噂話だと思った。

――IT系ベンチャー企業の経営者が、ある地方都市へぞくぞくと移住している。その理由は、中央ではほとんど名の知られていない私立校に、わが子を入学させるためだ。なにしろ、その学校を卒業すると、ハーバード大のようなアイビーリーグや東京の一流私大に簡単に合格する……のだという。

調べてみると、噂には信憑性があった。実際に卒業生はハーバード、エール、国際基督教大、上智、慶応に合格している。さらにたとえば『ニューズウィーク日本語版』の「世界が尊敬する日本人一〇〇人」にトップクラスでランキングするA氏のような人も、実際にその学校にわが子を通わせている。彼はそのために家を引っ越したらしい。

ぼくはそこを訪ねてみようと思った。これまでエリート校というと国立大学、それも旧七帝大に競って入学する高校をさしていた。その図式がいま大きく変化しつつあるのではないか、と感じたからだ。日本の大学の中身が、他国にくらべてかなり見劣りがするということも知られ始めた。大卒という学歴の神通力も弱くなっている。エリート志向の強い家庭は、国内に見切りをつけて、海外の大学を目指すという動きも出てきているときく。その「現場」をみてみたかったのだ。

加藤学園は静岡県沼津市にある。幼稚園から高校までの一貫校だ（加藤学園幼稚園、加藤学園暁秀初等学校、加藤学園暁秀中学校・高等学校）。地元では、特別進学クラスのある学校、最近では外国人の先生がたくさんいる学校として、よく知られている。

その外国人教師たちが担当するのが、幼稚園から高校まで計一五学年に設けられているイマージョンコース。加藤学園には日本語で授業を行うレギュラークラスと、バイリンガル教育を行うイマージョンクラス（中高ではバイリンガルコース）が併設されている。

イマージョンというのは、この本のなかでも紹介してきたが（第九章、第一〇章）、簡単にいうと母語以外の第二言語で授業を行う特殊な教育システムのことだ。イマージョンとは「つけこむ、浸す」といった意味。つまり英語づけの授業である。日本ではごく一部のインターナショナルスクールのほかは、すでに紹介したリンデンホール小学校などでわずかに実施されているだけである。そのなかでこの加藤学園はイマージョン教育のパイオニアだといわれている。

日本語と英語が飛びかう休み時間

イマージョン教育というのはたんなる語学教育ではない。算数などの一般教科を英語でやる教育だ。これをつづけていくことで、生徒たちはバイリンガルとなる。かんじんなのは母語＝日本語も英語同様に教える、ということだ。もちろん加藤学園では、ふつうの学校とおなじく国語の授業も行われている。

その日（二〇〇五年一月）、小学校の校門に到着したのは午前七時すぎだった。

早朝にもかかわらず、つぎつぎに児童が登校してくる。本来七時三〇分までは登校できない。それでも学校が好きでやってくるのだという。沼津、三島はもとより、遠い御殿場や小田原から電車通学をする子もいる。

そのなかでイマージョンクラスは全学年に一クラスずつ設けられている。人数は一学年にほぼ四〇人前後である。この数をきいて、ぼくは首をかしげた。イマージョン教育で四〇人は多すぎるのだ。

「三人担任制です。ネイティブが二人、日本人が一人で、一度に三つの教室で別々の授業をやります」というのは佐藤誠一初等学校教頭。

一度に一人の教師が受けもつ人数は一〇人を少し超える程度にすぎない計算になる。人数が五四人と多い四年生は担任が四人である。教師が相手にする児童が一〇人程度だと、よく目がとどくし、子供たちもサボることができにくくなる。こういう「贅沢」がイマージョン教育の特徴でもある。

授業中の教室をのぞくと、そこにはインターナショナルスクールとおなじ光景が展開されていた。二年生のクラスだ。子供たちが教師をかこみ、床に車座になって英語の本を読み合っている。このカジュアルさが日本の普通校にはない空気を生む。

また三年生のある教室は『ハーメルンの笛吹き男』をテキストにした英語の授業だった。

横からのぞきみたところ、なんと高校一、二年生くらいで習う英文にみえた。四〜五人のグループに分かれて、ノートに単語を拾いだし、その言葉を使って文章をつくる。みんな書き慣れた様子でスラスラと鉛筆が走る。もちろんすべて英語だ。一五〜一六人の児童に二人のネイティブの教師がつく。

子供たちには自分の席というものがない。そもそも教室も固定していない。教科によって場所を移動する、いわゆる欧米では一般的なプラトーン方式をここでは採用している。プラトーンとは小隊の意味である。教師が常駐する教室に子供たちが移動しながら授業を受ける。よってこの学校には職員室はない。教室、席、隣の子供と、固定された関係がつづくことによる妙なバイアスが、動くことでかかりにくくなる。

休み時間になった。子供たちの言葉は日本語になる。けれど上級生くらいになると、片方が日本語、片方が英語というなんとも奇妙な会話をする子供たちもいる。それで十分に通じているのだ。

ぼくが目を奪われたのは、教室の片隅の段ボールでかこわれた一角だった。少女が一人、なかで英語の本を読んでいた。毛布とクッションが用意され寝転がるようにして読書している。リーディングコーナーだという。この学校にはこういう場所がいくつも用意されていて、子供たちが本に親しんでいる。なんと行儀の悪い、と目をつりあげる大人もいそうだが、本ばなれが進む昨今、そんな行儀よりなにより、読む環境をつくることのほうがだいじだ。

三年生の社会科では地域社会の学習として、さまざまな商店を見学した。あるグループはアイスクリームショップだった。教室にもどると数日かけて彼らは段ボールでその模擬店を製作。それを使って低学年に自作した模型のアイスクリームを売る。こうして商業と地域社会を学ぶ。いわゆる普通校の総合的な学習である。

「ほんらいの総合的な学習というのは各教科の連携が基本です。たとえば中学校のある学年では理科で気象の種類を学び、そこから竜巻という現象を知る。技術の授業でインターネットを利用して竜巻の予報について調べ、さらに発生場所を特定しながら地理の勉強に関連づけ、最後には竜巻をモチーフにした英文を読んで英語の時間にする。こういう教科の連携と関連づけが総合的な学習だと考えています」

こう語るのは加藤千恵美副校長（中高）だ。じつは現在の総合的な学習のアイデアはもともと欧米からきたものだ。それを日本でも実施しているのだが、ここまで徹底している例は少ない。

最後は日本語テストでフォロー

最後にのぞいたクラスでは不思議な光景を目にした。算数のテスト問題を解いているのだが、日本語で書かれたものだった。普通校ではあたりまえの姿だが、イマージョン教育では英語でなければならないはずだ。ペーパーに書かれた日本語の意味がわからない場合は、教師が英語で意味を教えている。

なぜ？　疑問はすぐに解けた。英語でやった単元は、この学校ではかならず最後に日本語でテストをするようになっている。理解した内容を日本語の試験でも解けるようにするという目的からだった。バイリンガル教育なので、日本語でも英語でも問題が解けなければならないのだ。いわばこれは進学対策ともいえ、日本で生きていくという選択をサポートするためだ。

こうして日本の大学、海外の大学と、どちらにも対応できる学力をつけるように、学校では工夫している。けれどそのためもあってか、授業時数はかなり多い。小学校では年間約一二〇〇授業時数である。これは文科省の定めた授業時数の基準、一年生で七八二時間、高学年で九四五時間をはるかに上まわる。だから一年生も、この日は六時限目までびっしり授業が組まれていた。

最近、注目されている学校は、このように長い授業時間数を組む例が多い。ゆとり教育の事実上の「失敗」で、揺り返しがおこっているのだろう。この学校の場合、日本語と英語のどちらもモノにするバイリンガル教育という、いわば二兎を追うわけだから、なおのことハードなスケジュールにならざるをえない。

加藤学園では、小学校入学時におなじ学力、ＩＱだった子供たちを六年間追跡調査したという。

「イマージョンクラスの子供たちは他のレギュラークラスの子供たちとくらべても、国語や算数でほぼおなじ成績をあげることができました。イマージョン教育だから国語力が劣る、ということは絶対にありません」

加藤正秀加藤学園学園長は、自信を持ってこう断言した。バイリンガルというと海外帰国子女、そしてそれは英語は流暢だが、不正確な日本語を話す人、というイメージがある。けれどイマージョン教育は、それとは一線を画すものだという。

学園長の加藤正秀さんはもともと経済学博士である。東大大学院からアメリカのエール大学へ客員教授として赴任した経歴を持つ、日本でも名の知れた国際金融の専門家だった。そのキャリアを捨てて「家業」である教育にもどったのが一九七〇年代の初頭。当時は女子高校だった加藤学園学園長に就任した。けれどこの変わり種の教育者の目には、当時の日本の教育はあまりに画一的、没個性的にうつった。そこで彼はアメリカ生活の経験から、新しい教育スタイルを日本に導入することを決意した。

まず手始めに小学校を開設。日本初のオープンプランの授業を実施した。

「それまでのトーク&チョークといわれた、教壇から教師が動かず、生徒は黒板の字を書き写すだけという授業は、七〇年代になると欧米ではもう子供たちの発達段階に合っていない古びたスタイルとなっていた。そこでこの新しい小学校は、当時欧米で採用されつつあったオープンプランにしたのです」

建物も廊下の片側に四角い教室がならぶ旧来のものではなく、壁の少ない広々としたものに変えた。教室にはさまざまな器具、教材を用意し、子供の関心や興味を引きだすことに重点がおかれた。教師は子供のサポート役となる。受け身の授業スタイルから子供たちの自発性を重んじるスタイルへの転換。これがオープンプランだ。いまでは日本の小学校でも広まりつつある方式である。特に席にじっとしていることがにがてな低学年には、有効だといわれている。

「シリコンバレー周辺の学校は、早くからオープンプランを採用していた。そこで育った個性的な若い世代が、ベンチャー企業を興し、現在にいたっているといわれています」

文部大臣との直談判

さらに加藤学園長の試みは過激になっていく。

いまから一三年まえにこんどは日本の学校では初のイマージョン教育をスタートさせたのだ。学習指導要領にそった英語版の教材を用意した。けれど当時の文部省は難色を示した。特に問題だったのは外国人講師のあつかいだ。それまでも同校では、週三時間の英語科を設けて外国人講師を日本人教諭の助手として採用していた。けれどこれでは、すべての授業に日本人とネイティブのペアが必要になる。現実的にそれだけのスタッフをそろえることはできない。そこで外国人講師だけでも教えられるようにしたい。

思いあぐねた加藤学園長は、ついに当時の文部大臣と直談判におよんだ。そこで得た結論は「外国で授与された教員免許があれば、日本の教員免状を取得できる」というものだった。難関をのりこえ、ようやく日本初のイマージョン教育がスタートした。

「当時はイマージョンという言葉は、英語教育の専門家のなかにもまだ浸透していなかったんですよ」

加藤学園では、小学校のあとに中学校、高校にも、つぎつぎとバイリンガルコースを設けていった。そして二〇〇二年にはＩＢ（国際バカロレア）機構から正式認定を得た。これは一部のインターナショナルスクールをのぞくと、日本では加藤学園だけである。

ではこのＩＢとはなにか。これは国際的に認められたカリキュラムの基準であり、厳しい審査によって学校に与えられる資格、お墨付きのことである。授業の内容を精査し、教師、保護者の面接はもとより、審査では洋書の年間購入予算といったものまでが、その対象となる。そこでＩＢ認定校となると、試験の成績によって、生徒は世界の大学への入学が可能となる。

試験は機構によって厳密に規定された内容のもとに実施される。たとえば英語や国語の試験では、日本とはちがって口頭試問、論文、エッセイ等が中心となり、その一部の結果はスイスの本部までとどけられ審査される。

実際にＩＢの高成績もあり〇四年はエール、ハーバード、バージニア州立大、ペンシルベニア州立大などに合格。その多くは奨学金の給付資格もとった。〇五年も国内の大学は、早稲田、上智、津田塾、法政、中央、青山学院などの私立を中心に、いわゆる一流校といわれる大学に合格している。

けれどＩＢによるカリキュラムは「たんに海外の大学へ留学するためのパスポート」

という だけではないのだ、という。

イン・ユア・オウン・ワーズ

木村正和バイリンガルコース主任（中高）によると、

「この教育では生徒はつねにイン・ユア・オウン・ワーズを求められる。ところが日本の教育は逆で、むしろ『それはおまえの意見にすぎないだろう』と自分の言葉を禁じられる。一八〇度ちがうのです」

つまりセンター試験のようにテストの「空欄を埋める技術」は国際基準の教育ではまったく評価されない。むしろその文を自己流でもきちんと筋道たてて分析したり、その文脈を推理したりするような力が求められるのだ、という。

だからIBのプログラムで教育された生徒は、国内大学の受験技術を必要とする試験で、かならずしも実力を発揮できるとはかぎらない。おなじように日本の一流校の優等生は、「ユア・オウン・ワーズ」を求められる海外の大学受験には、まったく歯が立たないということになる。

たとえば加藤学園では国語の授業も、普通校とはまったくちがうものになる。カフカの『変身』を読む授業では、それを原作に映画台本をつくり、それを自分ならどう演出するかといった課題がだされる。生徒間でもっとも議論になったのは、虫に変身したグレゴールを映画では虫として表現するのかどうかということで、授業は白熱したという。「グレゴールは虫という自覚がないから虫になる必要はない」とか、また父親から投げつけられたリンゴは「グレゴールにとっての衝撃の大きさをあらわすためにサッカーボールくらい大きくする」といったユニークなアイデア、意見がつぎつぎに出てきた。これが高二の国語である。

ぼくは正直、うらやましいと思った。こういうわくわくするような授業など、ぼくの学業期間にはただの一度としてなかった。その授業内容はひどく貧しかった。こんな授業だったら教室で熟睡することもなかっただろう。

こうして生徒たちは、めきめきと学力をあげていく。英語にいたっては予備校主催の模擬試験などで、偏差値七五くらいはあたりまえになる。

「むしろ不適切な設問もあって、生徒は答えに戸惑うことも多いんです」（木村主任）

センター試験でも生徒からは「ここの答えはどちらでもいい」「この質問はヘン」という声があがる。そんなときは、ネイティブの教師も試験内容をみて、あまりのトンチンカンぶりに苦笑することが多いという。

加藤学園のイマージョンクラスへの志望者は年々増加傾向にある。ことに五～六年まえから増え始めた。その理由を加藤千恵美副校長は、「イマージョンクラスに入った生徒たちが成長し、高校、大学とさきがみえるようになってきたことが大きいと思います」

けれど一三年まえにイマージョンクラスに入った三〇人弱の一期生が、高校卒業時には半分近くに減っていたというのも一方の事実としてある。また全員が海外の大学に進むわけではない。

なにしろ入学時は六歳の子供である。幼稚園からの入園だと三歳だ。自分の進路を決定できる年齢ではない。その後、成長するにしたがってイマージョン教育に違和感を覚える、ということも出てくるだろう。

みんながみんなバイリンガルになりたいわけではないのだ。

実際に、イマージョンクラスから加藤学園の特別進学クラス（通常の日本語教育）に入り直したり、他の学校に変わる例もある。

最近では予想しなかったような理由でクラスをはなれる成績優秀者もいる。小六でほぼ全員が英検の準二級をとる。この実力があれば、その時点で英語力は国内の一流校に合格できる水準になる。そこで方向転換して他の有名私立中学に移っていく子もいる。また中学校に入って二級をとり学園内のレギュラークラスに編入する子もいる。

彼らはイマージョンによる英語力アップを、効率のいい受験勉強の一環としてみているのかもしれない。

興味深い話をきいた。幼稚園から入り小学校の低学年まではスムーズにきた子たちが、三～四年になってほぼ全員、急に変調をきたすというのである。発音がネイティブなものから、日本人のカタカナ英語に変わるのだという。

「それは反抗心からでしょうか？」とぼくはきいた。

「彼らなりにアイデンティティ探しをやっているんだと思います」と木村主任はいった。

日本語なのか英語なのか、母語の選択期が一〇歳前後にやってくるらしい。これは加藤学園だけでなく、イマージョン教育が始まったカナダやその他の国でもおなじだという。言葉というのはまさに帰属意識、アイデンティティそのものなのである。

「その期間をすぎると、また流暢な英語にもどっていきますね」（木村主任）

ぼくからみれば、人生の選択を一〇歳にして内的に経験することは、幸福だといえるかもしれない。いまの若い世代には、そんな葛藤や経験があまりにも不足しているからだ。

加藤学園の実績も英語熱がフィーバーする教育界で知られ始めている。こうなるとぞくぞくとイマージョン教育をやる学校が出てきそうだ。群馬県太田市の教育特区の例もある。けれど、ことはそう簡単ではない。

「一にも二にも外国人教師と、英語に堪能な日本人教師をどうやって集めてくるかです。加藤学園もいい先生が定着するまで、ずいぶんかかりました」

こう語るのはマイク・ボストウィック教育ディレクターだ。彼はイマージョンクラスのスタート時点から外国人教師のハンティングも担当してきた。いまも年に数回は人材確保で海外にいく。経験のあるいい教師を連れてきても、日本という異国生活に馴染めなくて、けっきょく辞めていく例もあるという。

イマージョン教育にはネイティブの教師経験者が欠かせない。日本人教師にも多少の英語力が求められる。外国語での授業だから、きめのこまかい準備と工夫も必要だ。よって一人の教師が四〇人もの生徒を担当したイマージョン教育などは成立しない。

いま日本にはバイリンガル教育の風が吹き始めている。けれどその内実は付け焼き刃なものが多い。教師経験のない外国人をボランティアのようにして教壇に立たせたり、リタイアした発音もおぼつかない日本人の英語教師を動員したり、形だけととのえて、とにかくスタートさせようという動きもある。それはたんに子供たちから貴重な時間を奪うばかりか、かんじんの母語の力を弱める結果にもなりかねない。

「これからはインド、フィリピンからも優秀な教師を呼んで、さらに国際化を目指します」（加藤学園長）

こうした柔軟な取り組みを継続していくことが不可欠だろう。

後書きにかえて
選ぶ学校、選ばれる教育

学力低下、学級崩壊という言葉がきかれるようになってずいぶんとたつ。でも、ほんとはどうなのだろう？　という好奇心から学校を訪ねたのが三年まえのことだ。一度だけのレポートのつもりが、読者の反響に後押しされるように雑誌『プレジデント』でシリーズ化することになった。

毎回、教育内容に特徴のある学校、評判の教育現場を選び、みて考えてきた。材料には事欠かなかった。さまざまな学びの場が芋蔓式に出てきた。そこで目撃したのは、意欲的で斬新な試みの数々だった。教育の画一化、学力の低下という「現実」は嘘のように感じられた。

いま日本には、さまざまな内容を持った魅力的な学校がたくさん存在する。少なくともそうした空気が父母をとりまいている。たいへんなのはその親たちだ。学校選びにあたっては、初めてのレストランに入ってぶ厚いメニューをひらいたときのような戸惑いと緊張を覚えるはずだ。どれも美味しそうにみえる。でも、実際に食べてみるまではわからない。しかも、その選択は食事とちがって失敗はできない。子供の成長と一体となった教育は、後もどりしてやりなおすのはむずかしい。

かつてたいていの子供は、決められた公立の小中に通った。受験が問題になるのは高校からだった。けれどいまでは、公立とて「学校選択制」の時代に入りつつある。指定された学区以外でも学校を選べる仕組みが、大都市を中心にできあがろうとしている。

公立に通わせるといっても、さてどこにするのかと迷うようになってしまった。私立をふくめると、たとえば東京なら、そこらじゅうに通える学校があふれている。小学校からしてそうなのだ。ぼくの住んでいる神奈川県の住まいからは、徒歩一五分の圏内に私立、国立、公立の小学校が存在する。さぞ父母は悩むのだろうと想像する。

公立校の変化と同時に私立も変わりつつある。少子化時代に対応して、名の知れた私立大学はエスカレーター式に子供をとりこむために小学校を開校し始めている。親にとっては、わが子が六歳をむかえるころから早くも進学問題が始まるのだ。

教育格差の時代なのか

メニューが豊富だということは、子供の選択肢が広がりいいことのように思える。けれど現実は、その選択肢を行使できるのは一部である。

エンジェル係数という言葉がある。家計の消費支出に占める飲食費の割合であるエンゲル係数にひっかけた言葉で、教育費の割合をいう。四十〜五十代で二〇〜二五パーセントというのが平均的なものらしい。私立の学校に通わせるとなると、それなりの収入が必要になる。さらに大学でも最近では、国公立と私立の学費の差はなくなっている。また、有名校に入れるために塾に通わせるとすると、出費はかさむ一方だ。最近注目を浴びている塾の個別指導コースなどを組みこむと、月に一〇万円はかかるという。選択肢の幅は親の収入によって変わってくるのだ。

こんな話をきいた。東京、山の手にある高級住宅街と呼ばれる地区。そこにある公立小学校に先生が赴任した。これまでの学校は庶民的な場所にあった。さぞ学力の高い子が多いだろう、と予想していたが、現実はちがった。まえの学校のほうがずっと優秀だった。きけばその校区の子供の多くは私立の小学校に通っているのだという。

公立に魅力をとりもどそうとさまざまな試みも始まっている。この本でとりあげた公立校はその代表だ。文科省肝いりの研究実践校の場合、当然、さまざまな新しい試みがなされる。予算も多い。この本を読んで、「こんな学校は一部にすぎない」という批判もあるだろう。けれどたとえば愛知県の刈谷で取材した辞書引き授業のように、一教師の試みだけで、クラス全体が活性化するという例もある。反対にいくら予算や人手をかけても、失敗する例も出てくるだろう。

二〇〇六年、東海地方に英国のパブリックスクールをモデルにした全寮制の学校、海陽中等教育学校が開校する。財界のバックアップを受けて設立された。中高一貫のエリート校で、年間三〇〇万円の学費が必要となる。また横浜では〇歳児から一二歳までの一貫教育を目指す幼稚園、小学校を設立するという動きもある。

このように世の「上流」では、つぎつぎに魅力的な新しい動きが出ている。このまま公立校が「衰退」し、内容のある教育を受けようとすると、私立校しかないというような状況がやってくるのだろうか？　それは明治以来、日本がとってきた教育の機会均等というシステムの崩壊なのかもしれない。

教師はコーディネーターになる？

父母が学校に期待する中身も変化している。取材中に学力は塾で十分だという考え方の親が多いのには驚かされた。塾関係者のなかには塾講師の指導力は学校教師を超える と断言する者も多い。

たしかに受験対策ということでは塾講師のほうが「うまい」かもしれない。けれど、一定の学力の子供たちが集まり、目的もはっきりした塾と、公立校のようにあらゆる学力の子供たちが集まり、一日六時間以上にわたって面倒をみる学校とは、別次元であり、比較のしようがない。名うての「塾先」も、現実の学校に派遣されたら、一カ月でネをあげるかもしれない。

学力は塾で十分と考える親は、ではなにを学校に求めているのだろうか？

いまアンケート調査などで小学校に求めるものの第一位は、学力ではなく躾である。これまでは家庭の役割とみられていたことが、学校に期待される。寮のある私立校が全国に誕生しているのも、背景には親の躾への期待がある。

食育という動きもある。これも家庭の役割だった。けれど文科省も学校で食を教育することをうたい始めた。これは世界的な流れでもある。

家庭がわが子の学力、躾、食といった子育ての根本を外部に委託する時代になりつつある。では家庭はなにをするのか？　ということはここでは問わない。それはまた別の重い問題をはらんでいるからだ。

こうして過剰な期待感を背負わされた学校は、最近では学校機能そのもののアウトソーシングを始めている。総合的な学習にはNPOなどを利用するだけでなく、東京の公立中学校のなかには、塾に土曜日の授業をまかせるというところもでてきた。

家庭が子育てを学校に委託し、学校がそれをさらに外部化するという構図を、ぼくらはどうとらえればいいのだろう。もしかすると、近い将来、学校は躾や食や体力や学力向上のためのコーディネーターのような役割になってしまうのだろうか？

学校は授業を派遣の塾講師にまかせ、総合的な学習は専門の企業や非営利団体が行い、食育は現在行われているように、スナック菓子やファーストフードの企業が代行し、躾についてはそれを担う新たな企業が出てくるのかもしれない。担任の教師は子育て全般のコーディネーターであり、その評価はコーディネート力。そんな時代がやってくるのか。

そう考えたくなるほど、学校は変わりつつある。

知を手に入れる場所

いまもてはやされているメソッドはけっして万能というわけではない。百ます計算も小学校の低学年には有効でも、高学年になると熱中できない子も出てくる。モジュール化された授業でも、そもそも子供を席につかせられないようなクラスでは、効果はない。

これからも新しいメソッドが出てくるだろう。なにが適切なのかは断言できない。それを行う学校、クラス、教師、そして生徒の個性によっても成果はちがってくるからだ。

今回の一連の取材のなかでいちばん印象に残ったのは、今春、立命館小学校で教壇に立つ予定の深谷圭助先生から教わった「自修性」という言葉だった。

人間というのはコンピュータではない。情報をインプットすれば自動的にかしこくなっていくということはないのだ。

「知を育てる」という行為は、きわめて能動的なものであり、そこには「自分で修める」という態度が不可欠である。けっきょくどのようにすぐれたメソッドも、受ける側に心の準備、意欲がなければ無為に期する。言い方を変えれば、すぐれた教育とは、受ける側の意欲をいかに引きだすかにかかっているともいえる。

学校とは子供が「知」を手に入れるための場所である。ぼくはそこを巡り歩いてきた。一定の距離をおいて、冷静に現場をみようとした。どこまで達成されたかはわからない。けれどそこには、これからの教育のさきがけとなるような風景が展開されていたのは事実だと思う。

当初よりいっしょに学校巡りをし、資料や情報収集に精力的に動いてくれたプレジデント編集部の出来斉さん、単行本化に力をそそいでくれた書籍編集部の石井伸介さん（現・株式会社苦楽堂代表取締役）、そして最後に、取材に協力してくれた多くの学校関係者と子供たちに感謝の言葉をおくり、この本をしめくくりたいと思います。

藤原智美

藤原智美　（ふじわら・ともみ）

1955年、福岡市生まれ。フリーランスのライターとして各誌で活躍後、92年『運転士』で第107回芥川賞受賞。主な小説としては、『モナの瞳』（講談社）、『ミッシングガールズ』（集英社）、『メッセージボード』（読売新聞社）などがある。

また、97年には住まいの空間構造と家族の社会生活関係を独自の視点で取材、考察したドキュメンタリー作品『「家をつくる」ということ』（プレジデント社、講談社文庫）がベストセラーに。その後も、『家族を「する」家』（プレジデント社、講談社＋α文庫）、『「子どもが生きる」ということ』（講談社）、『なぜ、その子供は腕のない絵を描いたか』（祥伝社）など、「家族」「子育て」「教育」といった分野での思索、執筆活動も展開、ノンフィクション作家としても活躍している。『暴走老人！』（文春文庫）『スマホ断食』（潮出版）『文は一行目から書かなくていい』（小学館文庫・プレジデントセレクト）『なぜ、「子供部屋」をつくるのか』（廣済堂出版）など著書多数。

オフィシャルサイト　http://www.fujiwara-t.net/

――本書のプロフィール――

本書は二〇〇六年三月にプレジデント社より単行本として刊行された『知を育てるということ』を改稿・改題して文庫化したものです。

小学館文庫プレジデントセレクト

日本《にほん》の隠《かく》れた優秀校《ゆうしゅうこう》
エリート校《こう》にもない最先端教育《さいせんたんきょういく》を考《かんが》える

著者　藤原智美《ふじわらともみ》

二〇一七年五月十四日　初版第一刷発行

発行人　菅原朝也
発行所　株式会社　小学館
〒一〇一-八〇〇一
東京都千代田区一ツ橋二-三-一
電話　販売〇三-五二八一-三五五五
編集（プレジデント社）
〇三-三二三七-三七三二
印刷所――凸版印刷株式会社

この文庫の詳しい内容はインターネットで24時間ご覧になれます。
小学館公式ホームページ　http://www.shogakukan.co.jp

ISBN978-4-09-470016-9